税理士のための

廃業を
告げられたときの対応ガイド

まずは「継続」から考える

TOMA税理士法人
税理士 **杉井俊文**

清文社

は じ め に

　大廃業時代である。

　いまや、日本の法人の廃業件数は、倒産件数に数倍する趨勢となっています。その主な要因は、後継者の不在です。後継者不在の法人は127万社に達するということです。この数値は、平成29年度の経済産業省の調査により明らかにされました。

　後継者不在の他にも、災害からの復旧を断念したり、制度改革に対応できないなどの理由により廃業を決断する事業者が多く存在します。いずれにしても、業績が堅調で、黒字経営を維持しているような企業が廃業をせざるを得ないというのは、なんとも残念です。

　これらの企業の顧問をしているわれわれ税理士は、中小企業の廃業とどう向き合い、役割を果たす必要があるのでしょうか。それは単に廃業・清算の手続きをして、企業の最後を看取るという役割ではなく、どのようにすれば、企業を存続させ、次の世代に引き継がせることができるのかという「継続」のための対策を提案実行するという役割になります。

　本書では具体的な対策事例として、M&Aや事業転換といったものを挙げて、手続きや税務上の論点を解説しています。また、それでも廃業を選択せざるを得ない場合に備えて、廃業・清算についての実務についても取り扱っています。

　本書の主題は、中小企業の廃業と事業継続です。しかし、本書の本当の趣旨は、企業あるいは事業の永続発展です。中小企業は社会や地域にとってそれぞれの役割を担って存在しています。これらの中小企業を守り続け、永続企業へ導くことが、われわれ税理士に求められている使命ではないでしょうか。

　平成30年12月

税理士　杉井　俊文

CONTENTS

目　次

第1章　廃業をとりまく現状

第1節　廃業をとりまく現状 ································· 3

1 中小企業の現状　3

2 廃業件数　4

3 社長の高齢化　5

4 高齢化の影響　7

5 廃業が与える影響　9

第2節　廃業を考える経営者 ································· 10

1 廃業予定企業の割合　10

2 廃業予定企業の状況　11

第3節　日本社会の課題と廃業 ································· 14

第2章　廃業に至る過程と検討すべき事項

第1節　廃業と倒産 ································· 17

1 倒　産　17

2 廃　業　17

第2節　廃業に至る過程 ························· 19

1 経営者が廃業を決めるまで　19

2 廃業を考えるきっかけ　21
後継者不在／経営者自身の高齢化、健康状況／経営者の家族の問題／売上の減少、利益の減少、取引先の減少／経済情勢の変化／災　害／制度の改正

3 相談相手　23

第3節　継続か廃業か ····························· 25

1 事業継続の検討　25

2 廃業方針の検討　26

第4節　廃業の原因と検討すべき事項 ······· 27

1 廃業の原因　27

2 後継者不足　28

3 経営者自身の高齢化、健康問題　29

4 経営者の家族の問題（介護、高齢化など）　30

5 経営悪化　31

6 外的要因　31
経済情勢の変化／災　害／制度の改正

7 会社の規模　33

第5節　廃業に代わる選択肢 ··················· 35

1 M&A　35
株式譲渡／事業譲渡

2 事業の縮小　36
事業転換／個人成り

3 戦略的廃業　37

第6節 事業承継の視点 ……………………………………………………… 38

1 事業承継とは　38

2 事業承継をどう考えるか　38

第3章 パターン別存続対策

第1節 廃業の対案を考える ……………………………………………… 43

1 経営者　43
退職金と生活資金／会社に対する債権債務／金融機関などに対する個人保証／廃業後も負わざるを得ない社会的責任

2 従業員　45
従業員の雇用維持／従業員への退職金／従業員への告知

3 取引先　46
取引先との契約関係／取引先に与える影響／取引先に対する債権債務

4 社会性　48

第2節 後継者の有無と事業存続 ……………………………………… 49

1 後継者の有無　50
後継者がいる／後継者がいない／後継者候補はいるが、継ぎたくない／継がせたくない／継がせられない

2 継ぎたくないのか、継がせたくないのか、継がせられないのか　51
継ぎたくない場合／継がせたくない場合／継がせられない場合

3 後継者の意思確認　52

4 継ぎたくなる工夫　52

5 後継者を探す　53

6 事業承継対策の実施　54

7 事業承継以外の存続対策　54
M&A／事業転換／個人成り

第3節　事業存続の手法と廃業の検討 ········· 56

1 会社の規模の検討　56

2 M&A の手法の検討　57

3 株式譲渡　58

対　価／退職金／非事業用資産の切り離し／個人で所有する事業用資産の処分／法人への貸付け、法人からの借入れ／金融機関に対する個人保証

4 事業譲渡　62

切り離す部門／対価と経営者への資金異動／契約の更新／残りの事業／借入れ、貸付け、個人保証／事業承継

5 事業の継続　64

事業転換／個人成り

6 廃　業　68

第4章　M&A─株式譲渡

第1節　M&A とは ········· 71

1 M&A の類型　71

2 M&A の目的　72

3 売り手側の目的　73

第2節　M&A の流れ ········· 75

1 M&A の流れ　75

M&A 戦略の策定／ M&A アドバイザーの選定／資料開示による買取希望企業の決定／トップ面談と条件の交渉／基本合意／デューデリジェンス／最終合意契約／クロージング

2 M&A 後の注意点　81

第3節　株式譲渡と事業譲渡の違い ········· 82

第4節 株式譲渡とは ……………………………………………………… 84

1 株式譲渡とは　84

2 株式譲渡のメリットとデメリット　85

3 新株引受　86

4 実行の手順　86

第5節 税法上の論点 ……………………………………………………… 87

1 株式譲渡に関わる税の全体像　87

2 株式の譲渡に係る課税　88
税　率／譲渡所得の計算／取得費／M&Aの経費／譲渡時期の認識／売り手側の株主が法人である場合

3 M&Aでの売買価額と時価の関係　90

4 M&Aの前に株式を集約する場合　91
贈与税／譲渡所得税／集約の時期／子どもへの事前の贈与

5 対象法人からの退職金　93
退職金の算定方法／退職金を支給するメリット／買い手側との相談／退職金にかかる所得税／源泉徴収

6 対象法人に対する貸付金と借入金　95
対象会社への貸付金／対象会社からの借入金

7 非事業用資産の処理　96
売　買／現物支給／時　価／会社分割

8 個人が所有する事業用資産の処理　98
動　産／不動産

9 買い手側の注意点　99
支払調書の提出／配当金／繰越欠損金

第6節 その他の論点 ……………………………………………………… 101

1 議決権　101

2 労務関係　102

3 対象企業の契約　102

第5章 M&A─事業譲渡

第1節 事業譲渡とは ········· 105

1 事業譲渡とは　105

2 事業譲渡のメリットとデメリット　106

3 会社分割　107

4 実行の手順　108
事業譲渡契約／取締役会決議／株主総会決議／反対株主の株式買取請求

第2節 税法上の論点 ········· 110

1 事業譲渡に関わる税の全体像　110

2 譲渡益に対する課税　111

3 不動産取得に伴う圧縮記帳　112

4 「のれん」の税務　112

5 取得した資産の価額と耐用年数　113
債　権／棚卸資産／減価償却資産／有価証券

6 高額譲渡と低額譲渡　114
高額譲渡の場合／低額譲渡の場合

7 経営者への還元　114
事業の継続と役員報酬／退職金／配　当／借入金の返済／清　算

第3節 法務上の論点 ········· 117

1 会社法（株主総会決議）　117

2 会社法（反対株主の株式買取請求）　118

3 商法（競業避止義務）　119

4 商号の譲渡　119

5 契約の更新　120

6 許可申請等　120

第6章 事業転換

第1節 事業転換とは ……………………………………………………………… 123

1 事業転換とは　123

2 ここでの事業転換　123

3 事業転換のメリットとデメリット　124

4 事業転換の論点　125

5 資産管理会社　126

6 事業転換の流れ　127
M&A（事業譲渡）の後の事業転換／本業を廃止しての事業転換
／個人成り

第2節 資産管理会社の運営 ……………………………………………………… 130

1 法人経営上の注意　130

2 資金の還元　130

3 相続対策　131

第3節 事業転換の手続き ………………………………………………………… 133

1 定款の変更　133

2 登記申請　133

3 異動届出　134

第4節 税務上の論点 ……………………………………………………………… 135

1 納税義務　135

2 不動産の買い換え特例　135
圧縮記帳とは／圧縮記帳の対象となる資産の条件／買換資産の取
得期日／計算方法

3 消費税の届出　138
消費税の納税義務者でなくなった旨の届出書／消費税課税事業者
選択不適用届出書

第7章 個人成り

第1節 個人成りとは ································· 143

1 個人成りとは　143

2 個人成りのメリットとデメリット　144
所得税と法人税の違いから生じるメリットとデメリット／住民税
均等割／社会保険／各種手続き／責任の問題／事業承継

3 所得税と法人税　146
税　率／青色申告特別控除／欠損金／役員報酬／経費項目

第2節 個人成りの手続き ································· 150

1 判断基準　150
業　績／従業員数／経営者個人との関係

2 個人成りの流れ　152
事業用資産／棚卸資産／債権債務／契約など

第3節 税務上の論点 ································· 155

1 事業用資産の異動に伴う税　155
法人税／所得税

2 個人事業主としての所得税　156
確定申告／届出書／青色申告

3 個人成りした場合の不動産賃貸業　158
所得の種類／事業的規模／損益通算

第4節 個人事業主の事業承継 ································· 160

1 生前の事業承継　160
事業の譲渡／事業の贈与

2 相　続　161

3 法人の事業承継との違い　162

第8章 株式と相続

第1節 株　式 ······ 167

1 株主と経営者　168

2 株主の権利　168
剰余金の配当を受ける権利／残余財産の分配を受ける権利／株主総会における議決権／自益権と共益権／単独株主権と少数株主権

3 少数株主の権利　171

4 株主総会　172

5 種類株式と属人的株式　174
種類株式／属人的株式

6 名義株　175

第2節 株式の評価 ······ 176

1 株式評価の概要　176

2 M&Aにおける株式の評価　176
インカムアプローチ／コストアプローチ／マーケットアプローチ

3 相続税評価額　178
取引相場のない株式の評価／原則的評価方式／類似業種比準方式／純資産価額方式／配当還元方式

4 特定の評価会社の評価　184
土地保有特定会社／株式等保有特定会社／比準要素数1の会社／開業後3年未満の会社

5 法人税法上の時価　186

第3節 相続と相続税 ······ 187

1 相　続　187
被相続人と相続人／法定相続分／遺産分割／承認と放棄

2 相続税　189
相続のスケジュール／相続税の計算／贈与税額控除／配偶者の税額軽減／相続税の納付と納税資金

3 贈与税　194
贈与税／贈与税の計算と申告／相続時精算課税制度

4 紛争の防止と遺言　197
自筆証書遺言／秘密証書遺言／公正証書遺言

第4節　事業承継税制 …………………………………………………………… 199

1 事業承継税制の概論　199

2 一般措置と特例措置の相違　200
納税猶予対象株式／納税猶予税額／雇用確保要件／後継者要件／
相続時精算課税制度

3 適用要件　204
会社の要件／後継者の要件／先代経営者の要件／継続要件

4 特例承継計画　208

5 固定合意と除外合意　212
除外合意／固定合意／確認と許可／民法改正の影響

第9章　廃業の実務

第1節　廃業手続きの流れ ……………………………………………………… 217

1 廃業と倒産　217

2 解散と清算　218

3 解散・清算手続きの流れ　218

第2節　解　散 ……………………………………………………………………… 221

1 株主総会の解散決議　221

2 解散登記と清算人の登記　221

3 解散後の株主総会　223

4 会社解散届の提出　223

5 解散確定申告　225

6 債権申出の催告手続き　225
債権申出の公告／知れたる債権者への通知

7 清算事務年度の株主総会と確定申告　227

8 残余財産の確定と分配　228

9 清算結了　228

第3節　経理処理と税務 ──────────────────── 232

1 解散時に作成すべき財務書類　232
財産目録／貸借対照表

2 清算事務年度の財務書類　235
事務報告／貸借対照表

3 残余財産分配時の経理処理　235

4 清算結了時に作成すべき財務書類　236

第4節　解散・清算の税務 ──────────────── 238

1 解散事業年度の確定申告　238
按分計算／適用できない制度／評価差損益／欠損金の繰越控除、
繰戻還付

2 清算事業年度の確定申告　240
期限切れ欠損金の損金算入／中間申告

3 残余財産確定事業年度の確定申告　243
債務免除益／事業税／中間申告

4 みなし配当　243

5 届　出　244

第5節　解散・清算時の労務手続き ────────── 247

1 社会保険　247
健康保険・厚生年金保険適用事業所全喪届／健康保険・厚生年金
保険被保険者資格喪失届

2 労働保険　249

3 雇用保険　249

雇用保険適用事業所廃止届／雇用保険被保険者資格喪失届と雇用
保険被保険者離職証明書

4 従業員の税金　250

第6節　その他の手続き ·· 251

1 賃貸借契約の終了　251

2 取引先との契約　251

第7節　休　眠 ··· 252

1 休眠届　252

2 申告義務と役員登記　254

3 みなし解散　254

第8節　個人事業の廃業 ··· 255

1 確定申告　255

2 届出書　255

3 死亡による廃業　257

4 予定納税と住民税　257

第10章	廃業回避事例

第1節　事業承継をサポートする ···································· 261

第2節　ケーススタディ ··· 263

1 ケース①　親族外承継の例　263
状　況／状況の分析／対策のポイント／結　果

2 ケース②　M&Aの例　265
状　況／状況の分析／対策のポイント／結　果

3 ケース③　事業転換の例　267
状　況／状況の分析／対策のポイント／結　果

第3節　まとめ ··· 269

（注1）本書の内容は平成30年11月末日現在の法令等に基づいています。
（注2）本文中「法人税」「所得税」とあるものは、特に断りがある場合を除き、「法人
住民税」「個人住民税」等を含むものとします。

第 **1** 章

廃業をとりまく現状

第1節　廃業をとりまく現状

　廃業予備軍127万社という数字は、あまりにも膨大な数の企業が、存続の危機にあるということを示しています。この127万社のほとんど全てが中小企業です。

1　中小企業の現状

　2017年版中小企業白書によると、日本の中小企業者数は380.9万者ということです。このうち、小規模事業者は325.2万者となっています。大企業が1.1万者ですので、日本の企業のうち99.7％が中小企業であり、小規模企業者が85.1％とほとんどを占めていることになります。

　ここでいう中小企業、小規模企業者とは中小企業基本法第2条において、次のように定義されています。

図1-1　中小企業者

業　　種	従業員規模・資本金規模
製造業・その他の業種	300 人以下又は 3 億円以下
卸売業	100 人以下又は 1 億円以下
小売業	50 人以下又は 5,000 万円以下
サービス業	100 人以下又は 5,000 万円以下

図1-2　小規模企業者

業　種	従業員規模
製造業・その他の業種	20人以下
商業＊・サービス業	5人以下

＊商業とは卸売業、小売業（飲食店含む）を指します。

2　廃業件数

　現在の法人の廃業件数は、2017年の統計では2万8,142件となっており、これは同時期の倒産件数8,405件と比較しても3.3倍となっています（東京商工リサーチ　2017年全国社長の年齢調査）。

　いまや、企業は、経営上の問題で倒産するよりも、自ら事業をやめる廃業のほうが数で勝っていることになります。

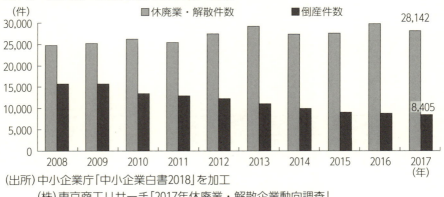

図1-3　休廃業・解散件数、倒産件数の推移

(出所)中小企業庁「中小企業白書2018」を加工
　　　(株)東京商工リサーチ「2017年休廃業・解散企業動向調査」

　日本全体の企業数は減少傾向にあり、2017年版中小企業白書によると、2009年から2014年までの5年間で39万者減ったことになります。これは純

減であり、同期間の新規開業数は66万者であったのに対し、廃業数は113万者となっています。特に小規模事業者が大幅にその数を減らしています。

また、廃業をした企業のうち、経営者が70歳以上である企業の割合をみますと、2008年には33.6％であった割合が、2017年には50.9％と高齢経営者の廃業の割合が増加傾向にあることがわかります。

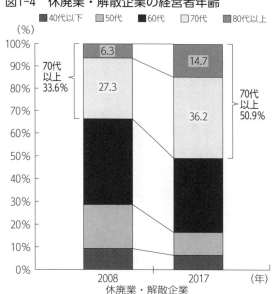

図1-4　休廃業・解散企業の経営者年齢

（出所）中小企業庁「中小企業白書2018」を加工
（株）東京商工リサーチ「2017年休廃業・解散企業動向調査」

3 社長の高齢化

中小企業の抱える問題の一つに、経営者の高齢化があげられます。日本社会が超高齢化社会に突入したといわれるようになって久しいですが、経営者も高齢化しています。このことも、企業数減少の一因といえます。

第１章　廃業をとりまく現状　　5

帝国データバンクの調査によると、2017年の全国の社長の平均年齢は59.5歳となっています。

図1-5　社長の平均年齢

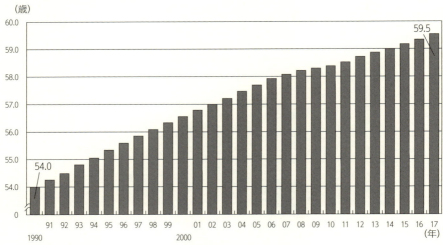

(出所) 帝国データバンク　全国社長年齢分析2018

　1990年の社長の平均年齢が54歳であった事を考えると、この30年弱で、社長の平均年齢は5歳以上、上がったことになります。社長の平均年齢は毎年過去最高を更新する状況が続いています。
　また、同じ調査によると、年商規模別の社長の年代構成比は次の通りになっています。

図1-6 【年商規模別】社長の年代構成比

(歳) (%)

年商	平均年齢	30歳未満	30代	40代	50代	60代	70代	80歳以上	合計
1 億円未満	60.5	0.2	4.0	16.8	23.4	31.3	19.3	4.9	100.0
1 億円以上 10 億円未満	58.5	0.1	4.2	20.8	27.0	29.5	15.4	3.0	100.0
10 億円以上 50 億円未満	58.4	0.1	3.6	19.4	29.2	32.6	13.1	2.1	100.0
50 億円以上 100 億円未満	58.9	0.04	2.9	15.9	29.8	38.4	11.4	1.5	100.0
100 億円以上 500 億円未満	59.7	0.01	1.8	12.5	30.7	43.4	10.4	1.3	100.0
500 億円以上 1000 億円未満	59.6	0.0	1.1	10.1	32.5	48.7	6.6	1.1	100.0
1000 億円以上	60.8	0.0	0.7	5.7	29.2	57.5	6.5	0.5	100.0
全体	59.5	0.2	4.0	18.6	25.5	30.8	17.1	3.8	100.0

(出所) 帝国データバンク 全国社長年齢分析 2018

　これによると、売上規模の小さい企業ほど70代以上の社長の比率が高くなっています。特に年商が1億円に満たない企業の社長の約25％が70代以上となっています。

　東京商工リサーチの同様の調査によると、2017年の全国の社長の平均年齢は61.45歳と、帝国データバンクの調査よりも2歳高い結果がでています。いずれにしても、社長の高齢化が進んでいることは事実です。

4 高齢化の影響

　では、社長の高齢化はどのような影響を及ぼしているのでしょうか。東京商工リサーチの調査によると、社長の年齢が高齢になればなるほど、減収、赤字の割合が増加する傾向にあります（図1-7）。

　70代以上の社長が経営者である会社の場合、10社に1社が、毎期連続して赤字であるという調査結果もでています。

　高齢の社長は、そのノウハウや経験という意味では若い世代の社長と比べ優れています。しかし、大規模な投資や経営方針の転換などを決定する

第1章 廃業をとりまく現状　7

ことが難しいという問題もあります。年齢的な問題から、投資のための借入れが困難だったりもします。

　一方、事業承継を成功させ、経営者が若返ると、イノベーションや新規の投資など、会社が活性化し、業績が回復したり、成長したりするとの調査結果もでています（図1‐8）。

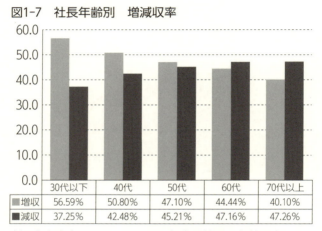

図1-7　社長年齢別　増減収率

（出所）東京商工リサーチ　2017年全国社長の年齢調査

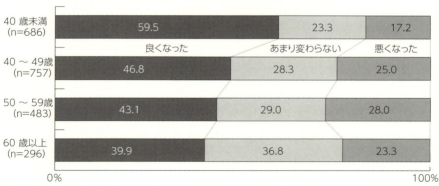

図1-8　事業承継時の現経営者年齢別の事業承継後の業績推移

資料：中小企業庁委託「中小企業の事業承継に関するアンケート調査」（2012年11月、（株）野村総合研究所）
（注）1．事業承継後の業績推移は、承継後5年間程度（承継後5年未満の企業は回答時点まで。）の実績による回答。
　　　2．「良くなった」には「やや良くなった」を、「悪くなった」には「やや悪くなった」を含む。
（出所）中小企業庁「中小企業白書2013」

5 廃業が与える影響

　では、社長の高齢化による影響を受け、低調な経営を続けていくくらいならば、廃業をした方がよいのでしょうか。短絡的にそのような結論を下すことはできません。

　例えば、2016年の中小企業庁の委託調査では、現状を放置すると、2025年までの間に、約650万人の雇用と約22兆円のGDPが失われる可能性があるという報告もなされています。これは、2025年までの間に社長の年齢が70歳超の企業の31％、個人事業者の65％が廃業するものと仮定した場合の試算です。

　22兆円という数値は、日本のGDP550兆円（2018年）の４％に相当し、埼玉県の県内総生産に匹敵します。また、650万人は、2018年の就業者数6,715万人（総務省統計局、労働力調査2018年９月分）と比較して約10％に相当します。

　廃業予備軍の企業を、何の対策もせず廃業させることは、日本経済に大きな影響を与えることになります。

第1章　廃業をとりまく現状　　9

廃業を考える経営者

　中小企業経営者の2人に1人が自分の代での廃業を考えています。これは日本政策金融公庫が2016年に公表した中小企業の事業承継に関するインターネット調査の結果です。

1 廃業予定企業の割合

　日本政策金融公庫の調査によると、後継者が決まっている企業は全体の12％程度で、残りの約88％は後継者が決まっていません。さらには、全体の半数、経営者の2人に1人が廃業を考えていることがわかります。

図1-9　アンケートの回答による類型化と構成比

(単位:％)

分類	アンケートの回答による定義		構成比 (n = 4,104)
決定企業	後継者は決まっている (後継者本人も承諾している)		12.4
未定企業 [事業承継の意向はあるが、後継者が決まっていない企業]	後継者は決まっていない	後継者の候補が複数おり、誰を選ぶかまだ決めかねている	3.5
		後継者にしたい人はいるが、本人がまだ若い	6.0
		現在、後継者を探している	7.7
		後継者にしたい人はいるが、本人が承諾していない	3.4
		その他	1.2
廃業予定企業		自分の代で事業をやめるつもりである	50.0
時期尚早企業		自分がまだ若いので、今は決める必要がない	15.9

（出所）日本政策金融公庫総合研究所
　　　　「中小企業の事業承継に関するインターネット調査」（2016年）

同調査を年齢別に見ると、経営者が高齢になるほど、廃業を考えている割合が増えます。70歳以上になると、56％もの経営者が廃業を考えています。

図1-10　類型の構成比（経営者の年齢別）

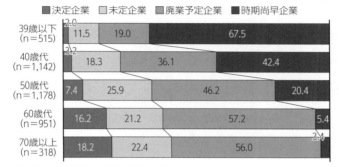

（出所）日本政策金融公庫総合研究所
　　　「中小企業の事業承継に関するインターネット調査」（2016年）

2　廃業予定企業の状況

　同じ日本政策金融公庫の調査によると、廃業を予定している企業者の3分の2は個人企業であり、法人は全体の3分の1に留まっています。
　また、従業者規模をみると、廃業予定企業の8割超が従業者数で5人未満の零細企業ということになります。ただし、従業者数が50人を超えるような会社であっても、廃業を考えている企業が相当数存在するという現実もみえてきます。

図1-11 廃業予定企業の割合（廃業予定企業、従業者規模別）

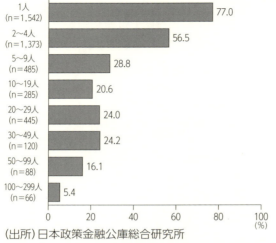

(出所)日本政策金融公庫総合研究所
「中小企業の事業承継に関するインターネット調査」(2016年)

　廃業を予定している企業は、業績の良くない企業が大半ではないかというイメージがあるかもしれませんが、以下の調査結果を見る限りでは、廃業予定企業の3分の1は業績がそれほど悪くない企業です。
　また、事業の将来性についても、約半数は成長が可能か、現状維持は可能な企業が廃業を考えていることになります。
　現在、これらのような、本来であれば廃業などしなくてもよい企業が廃業を選択するという状況が生じています。

図1-12 同業他社と比べた業績（類型別）

(出所)日本政策金融公庫総合研究所
「中小企業の事業承継に関するインターネット調査」(2016年)

12

図1-13 今後10年間の事業の将来性（類型別）

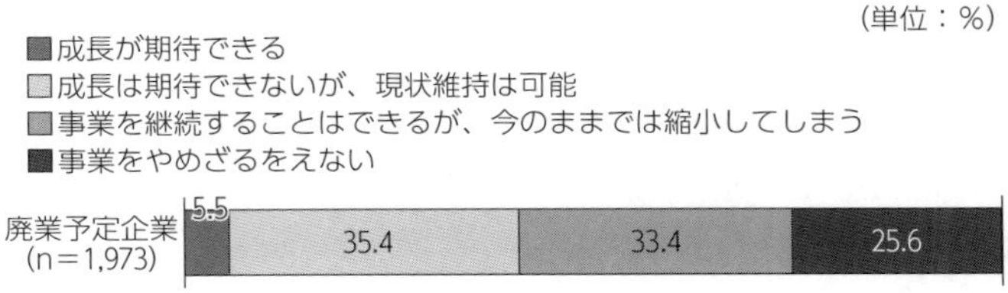

(単位：%)

- ■ 成長が期待できる
- □ 成長は期待できないが、現状維持は可能
- ■ 事業を継続することはできるが、今のままでは縮小してしまう
- ■ 事業をやめざるをえない

廃業予定企業 (n＝1,973)	5.5	35.4	33.4	25.6

(出所) 日本政策金融公庫総合研究所
「中小企業の事業承継に関するインターネット調査」（2016年）

第3節 日本社会の課題と廃業

　日本社会の課題のひとつが、少子高齢化です。この問題が会社経営にも大きな影響を与えています。経営者は高齢化し、また後継者がいない等の理由により事業の承継が困難で、廃業せざるを得ないわけです。

　高齢化は一方では、いつまでも現役で働き続けることができるという良い面もあります。平均寿命が80歳を超えただけではなく、昔と比べて元気な高齢者が増えたこともその原因です。

　定年退職が60歳に引き上げられたのは1994年のことで、現在は65歳定年が増えていますし、定年制度自体が時代遅れだという意見もあります。

　経営者に定年はありませんので、いつまでも現役を続けているうちに、気付けば経営者の年齢が70歳を越えていたという中小企業が大半でしょう。事業承継を考えた時に、後継者を育ててこなかったというツケがまわり、廃業しか選択肢がなくなってしまったという企業が多くあります。

　後継者を育ててこなかったのは確かに経営者の責任でしょう。また、70歳、80歳になってからあわてて後継者を育てても間に合わない可能性もありますし、高齢化した経営者にそれをする気力が残されているかも問題になります。

　経営者に事業承継について、考えるよう促してこなかった顧問税理士や会計士にも責任はあります。

　事業を廃止することによる影響は甚大です。事業廃止ではなく、事業の存続を今一度考え、とれるべき策を検討し、実行するべきではないでしょうか。

第**2**章

廃業に至る過程と
検討すべき事項

第1節　廃業と倒産

　廃業と倒産は、ともに会社経営をやめるという点では同じですが、厳密な意味合いは異なっています。それぞれどのような特徴があるのでしょうか。

1　倒　産

　倒産は、資金繰りなどの問題により、債務弁済が不可能となり、経営が行き詰まることによって、会社経営が続けられなくなることをいいます。経営破綻ということもあります。日本の場合、破産や民事再生、会社更生などの倒産手続きがありますが、これらの違いは、簡単に言うと会社を再建するかどうかです。

　例えば、山一證券は平成9年に経営破綻し、その後自主廃業しており、現在は存在していません。一方、日本航空は平成22年に倒産しましたが、現在では会社更生により再建し、現在も事業を継続しています。倒産したとしても、事業を継続する意思があれば、会社更生法や民事再生法などの法的手続きを経て事業を再生、継続させることができます。つまり、倒産がすなわち廃業を意味するわけではありません。

2　廃　業

　廃業は経営者が自主的に会社経営をやめることをいいます。理由の如何

については問題ではありません。経営が破綻し、これ以上事業を継続するのが困難だと判断し、再生を目指さず会社をたたむのも、後継者の不在や経営者の健康上の都合により会社をたたむのも同じ廃業ということになります。

　調査会社などでは、廃業を法人登記の抹消であると定義付けをしている場合もあります。

　ここでは、資金繰りなどの理由により、会社経営ができなくなることを倒産、経営はできるが、自ら選択して会社経営をやめることを廃業というふうに理解していただければよいと思います。

第2節 廃業に至る過程

　本書では、経営破綻の状態に陥り、会社再建をあきらめて選択する廃業（倒産）というものは取り扱いません。主として、業績の如何を問わず、経営者とその周辺の状況より自主的に廃業を選択する場合を取り扱います。

1 経営者が廃業を決めるまで

　経営者が廃業を決める場合、様々な過程を経ます。何もないところで、いきなり廃業を決定するということはありません。もちろん、経営者が突然に廃業を発表する場合もありますが、この場合であっても、経営者の中で、様々な葛藤があり、熟考した結果なのです。

　経営者が廃業を決意するまでの、一般的に考えられる過程について、図2-1で示しました。

　最初は、何らかの要因がきっかけとなって、経営者は廃業を考え始めます。経済情勢や取引先との関係などの外的要因や、経営者自身の問題、自社の問題など内的要因、また、予期していなかった災害など突発的な要因がきっかけとなります。

第2章　廃業に至る過程と検討すべき事項　　19

図2-1 廃業までの過程

　ただし、きっかけがそれだけではまだ、廃業の原因にはなりません。きっかけとなった問題が解決すれば、廃業に至らないかもしれません。このきっかけとなった問題を解決すべく、経営者は様々な検討をします。その過程において、他者に相談することもあり得るでしょう。
　廃業を避けるべく様々な施策を実行したにもかかわらず、問題が解決しなかった場合、その問題が、廃業の原因となります。
　廃業が決まってしまえば、経営者は廃業に向けた作業に入ります。関係者への説明にはじまり、取引先との関係の終了や、従業員の整理、事業用資産の処分、金融機関への借入返済などです。
　税理士が関与できるのは、最終的に法人を解散・清算する際の申告や届出などに限られてしまいます。廃業が決定してしまうと、そこから廃業を取りやめるのは難しいでしょう。既に関係者への説明がなされてしまうと、信用の問題もありますし、何よりも、経営者自身に事業継続の意識がまったくなくなってしまうからです。
　しかし、経営者が廃業を決定する前であれば、廃業を回避することは可能かもしれません。廃業を決定するに至った原因となる問題を解決できれば、廃業を回避することができます。
　また、原因となった問題を解決することができなかったとしても、廃業ではなく、その他の方法を検討することもできます。

経営者が廃業を検討するきっかけとなることが起きた場合、あるいはその兆候がある場合は、経営者の相談相手としてまずは廃業を回避するよう、解決策を考え、事業廃止もやむを得ないという場合であっても、廃業以外の方法を提案することが望まれます。

2　廃業を考えるきっかけ

　経営者が廃業を考えるには、その契機となるきっかけが必ず存在します。このきっかけとなった問題をうまく解決できなかった場合、経営者は廃業を選択してしまいます。では、どのようなきっかけがあるのでしょうか。そ主なきっかけは次の通りです。

①　後継者不在
②　経営者自身の高齢化、健康状況
③　経営者の家族の問題（介護、高齢化など）
④　売上の減少、利益の減少、取引先の減少
⑤　経済情勢の変化
⑤　災害
⑥　制度の改正

❶ 後継者不在

　現在が大廃業時代と呼ばれる主な原因には、後継者の不在があげられます。中小企業の場合、いまだに後継者を親族、特に自分の子どもでなければならないと考えている経営者も多いようです。後継者の不在といった場合、経営者に子どもがいない場合と、子どもはいるが、後継者にはならない場合があります。

第 2 章　廃業に至る過程と検討すべき事項　　21

2 経営者自身の高齢化、健康状況

第1章でも述べたとおり、日本が高齢化社会となって久しいですが、経営者も高齢化しています。体力的にいつまでも事業を継続できないと考える経営者が、ある年齢に達したり、あるいは疾病の発見により廃業を考えます。

3 経営者の家族の問題

経営者本人だけでなく、家族の高齢化や健康問題により、事業を廃業しようと考える経営者もいます。これは、家族の介護や看病を行いたいがためです。

4 売上の減少、利益の減少、取引先の減少

社会変化のスピードは思ったより早く、経営環境の変化に対応しきれなければ、売上や利益の減少を招きます。経営者の高齢化がこれに加われば、なかなか思うように変化に対応できなくなります。経営者自身が培ってきたノウハウが通用しなくなったと考えたとき、廃業を考えます。

5 経済情勢の変化

近年は異業種の参入が当たり前になっています。特にIT業界からの参入などにより、サービスの内容は日々変化しています。また、原材料の高騰などといったことも自社の経営を悪化させる要因です。こういった外部環境の変化に対応できないと感じたとき、経営者は廃業を検討します。

6 災　害

会社が災害により被害を被った場合、再建を断念して廃業を考える場合があります。特に事業再開のために多額の投資が必要な場合、自己の年齢

や売上の状況などを加味した場合には、営業再開を断念すると結論付けることも多いでしょう。

7 制度の改正

今までは法制度により手厚く保護されていた業種なども、自由化によりかつて考えられなかった競争にさらされます。また、国や地方自治体が定めた安全基準などに対応するため、あるいは新制度に対応するためのシステム導入などを考えた場合、そのような投資ができないと判断すれば、経営者は廃業という選択肢を検討します。

3 相談相手

経営者は様々なきっかけを契機として、廃業という選択肢を考え始めます。その時、経営者は誰に自社の将来を相談するのでしょうか。中小企業庁の調査によると、1番が家族・親族であり、2番が税理士・公認会計士となっています。しかし、税理士・公認会計士を相談相手とみている経営者は全体の7％弱しかいないのが現状です。また、誰にも相談せずに廃業を決定する経営者も全体の4分の1ほど存在しています。

第2章 廃業に至る過程と検討すべき事項　23

図2-2 廃業に際しての相談相手

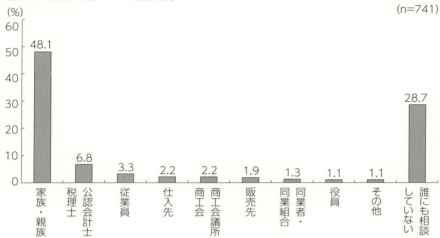

資料：中小企業庁委託「中小企業者・小規模企業者の廃業に関するアンケート調査」（2013年12月、(株)帝国データバンク）
（注）1. 相談相手として上位1～3位を挙げてもらい、1位の者を集計している。
　　 2. 回答割合が1％以下の選択肢については表示していない。
(出典)中小企業庁「中小企業白書2014」

　まず廃業ありきで考えるのではなく、廃業は最終手段であることを経営者に伝える努力が必要でしょう。

第3節 継続か廃業か

　経営者が廃業を考えた場合、即座に廃業を決定するのではなく、ある程度の期間、検討し悩みます。税理士がこのプロセスに関与する場合、まずは経営者と一緒に事業が継続できないかどうかを検討することとなります。
　次に、事業の継続が困難であるため、廃業を決断せざるを得なくなった場合、廃業の仕方を検討することとなります。

図2-3　廃業までの検討の過程

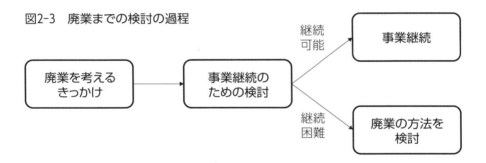

1 事業継続の検討

　会社は、本来継続を前提としています。
　また、今までその会社が継続してきたということは、それ相応の意義があったためです。そのような会社をみすみす無くしてしまうことは、社会にとっても大きな損失となるでしょう。
　ですので、経営者が廃業を検討するとしても、まずは事業の継続を前提とした検討をする必要があるでしょう。

2 廃業方針の検討

　事業を継続することが困難な場合は、廃業もやむを得ないでしょう。この場合、廃業してしまうのか、会社を他人に売り渡してしまうのかが問題になります。M＆Aや事業譲渡（第4章・第5章参照）といった手法をとれば、事業は経営者の手から離れてしまいますが、事業は継続します。また、廃業した場合と比べて、経営者の手許にいくばくかの財産を残すことができるかもしれません。経営者の引退後のことを考えれば、廃業ではなく、事業や企業の譲渡を選択肢に入れて考えることも重要です。

第4節 廃業の原因と検討すべき事項

　会社には、株主がおり、従業員がおり、取引先がいます。また、会社は社会に対して様々な役務を提供しています。この会社を廃業させた場合、多くの関係者に影響を与えることとなります。これら関係者に与える影響を考えれば、廃業は望ましいものとはいえないでしょう。

　廃業を回避するためには、原因を探り、それぞれの原因に応じた対策を検討する必要があります。では、実際の廃業はどのような原因で起きているのでしょうか。

1 廃業の原因

　中小企業白書2014によると、経営者が廃業を決断した理由は
① 経営者の高齢化・健康問題
② 事業の先行きへの不安
③ 主要取引先との取引終了
④ 経営者の家族の問題
⑤ 経営悪化の回避
⑥ 後継者不在
となっています。

　この調査では、大半の理由が、経営者自身の高齢化や健康問題であるとの回答となっており、後継者の不在は全体のわずか5％弱となっています。

図2-4　廃業を決断した理由

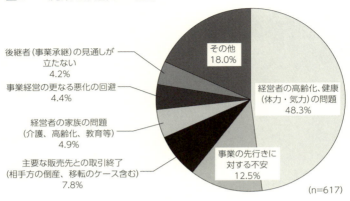

資料：中小企業庁委託「中小企業者・小規模企業者の廃業に関するアンケート調査」
　　　(2013年12月、(株)帝国データバンク)
(注) 1. 回答割合が3%以下の回答を「その他」に含めた。
　　　2.「経営者の高齢化、健康問題」及び「体力・気力の問題」と回答した割合の
　　　　合計を、「経営者の高齢化、健康(体力・気力)の問題」として表示している。

(出典) 中小企業庁「中小企業白書2014」

　しかし、経営者自身が高齢化する前に後継者に事業を承継することができているのであれば、経営者の高齢化や健康問題が原因で会社を廃業する必要はなかったのではないでしょうか。経営者の高齢化や健康問題による廃業にも、後継者不足という点が大きく関わっているものと推察されます。
　ここでは、後継者不足、経営者自身の高齢化と健康問題、家族の問題、経営状況の悪化、外的要因の5つの点でそれぞれ検討すべき事項をみていきます。

2 後継者不足

　後継者不足について考える際の論点は、後継者がどのようにいないのかという点になります。経営者に子どもや親族がいないのか、いるが継ぎた

がらないのかによっても対策がかわってきます。

パターンとしては①子どもなどがいない場合、②子どもなどがいても継ぎたがらない、③子どもなどがいても継がせたくない、というものがあげられます。

子ども等の親族がいない場合は、親族外に後継者を求めるかどうかを検討しなければなりません。

子どもがいても継ぎたがらない場合は、やはり親族外に後継者を求めるか、あるいは子どもが継いでくれるような工夫をする必要があるでしょう。

経営者自身が子どもに継がせたくないと思っている場合であっても、後継者が継ぎたいと思っているかもしれませんので意思確認は必要です。また、継がせたくないと思う原因は、事業自体の将来性への不安が大半でしょうが、事業転換などによって将来が開ける可能性もあります。やはり慎重に検討する必要があるでしょう。

少子高齢化や晩婚、子どものいない夫婦の増加というのは、確かに現在の日本における問題です。しかし、いま廃業を検討している経営者の世代は決して少子化や晩婚が問題になる時代を過ごしたわけではありません。後継者候補が全くいないのではなく、その会社を継ぎたいと言ってくれる人がいないというのが大半でしょう。後継者をどの程度まで真剣になって探すかという点も重要になってきます。

3 経営者自身の高齢化、健康問題

日本は超高齢化社会になったといわれます。それは一方では、高齢であっても働くことができる健康状態にある高齢者が多くなったという意味でもあります。

通常のサラリーマンであれば、60歳定年あるいは65歳定年といわれます

が、再雇用の制度なども整備されています。また、労働力不足の問題から、シニア人材にも熱い視線がおくられている現在ですので、70歳代でも健康に働くことのできる人は多いでしょう。

　企業経営者、特にオーナー企業の社長には定年というものはありませんので、生涯現役ということもありえます。しかし、そうであるからこそ、後継者への代替わりのタイミングを逸した会社が多く存在するのかもしれません。

　経営者の高齢化は前もって予見できることです。そうであるならば、事前に対策を検討しておくことが必要でしょう。

　また、健康問題はなかなか予見できることではありませんが、経営者に万が一があった場合でも、事業が継続できるように対策を講じておくことは必要です。

　東日本大震災以降、事業継続計画（ＢＣＰ）が注目されましたが、中小企業の場合は震災や災害への備えではなく、経営者に問題が生じた場合でも事業を継続できるような計画を検討することが必要です。

④ 経営者の家族の問題（介護、高齢化など）

　経営者の家族が高齢化して介護が必要となったり、病気となり看護が必要となった場合、経営者が会社をたたんで介護や看護に専念する。ありえないことではありませんが、この場合に該当するのは、従業員がいないような会社が大半ではないでしょうか。

　③ 経営者自身の高齢化、健康問題の場合と同じように、事前に計画などを立てておく必要があるでしょう。

30

5　経営悪化

　売上の減少、利益の減少、取引先の減少などは、言い換えれば業績の悪化です。業績が悪化してきたが、まだかろうじて黒字経営を維持しているが、赤字に転落するのは時間の問題であると経営者が考えたのであれば、黒字のうちに廃業をしてしまえば、損失を被ることもありません。

　しかし、業績悪化の原因が経営者自身にある場合は、事業承継をすることでの再建も可能です。経営者の若い創業期の頃は、多少の売上の減少などものともせず、事業を継続したでしょうが、高齢になると気力、意欲ともに衰え、少しの後退でも廃業を考えてしまうかもしれません。

　廃業を検討しなければならないほどの業績の悪化かどうかも、よく検討する必要があるでしょう。

6　外的要因

　廃業の原因となる外的要因には、①経済情勢の変化、②災害、③制度の改正などがあります。

1 経済情勢の変化

　世界の進歩は予想以上に早急です。技術革新などは日進月歩で進んでいきます。いままで新規参入業者がなく、安定していた業界であっても、突然に別業種の参入があり、ビジネススタイルが大きく変わることも珍しくはありません。

2 災　害

　災害はいつ何時起こるか、予見することはできません。それでも、備え

第2章　廃業に至る過程と検討すべき事項　　31

ることは可能でしょう。しかし、店舗や製造設備が深刻な被害を受け、復旧するのに莫大な投資が必要だと見込まれる場合、事業継続を断念せざるを得ないかもしれません。

復旧のための資金を、金融機関からの借入れに頼らざるを得ない場合、経営者が高齢であれば、返済などの問題から、やはり復旧をあきらめるかもしれません。保険などの手当てをしておくことも、事前の対策としては有効でしょう。

事業継続計画の策定は大企業では当たり前になってきていますが、中小企業であってもある程度の計画を策定しておくことは必要です。

3 制度の改正

制度が変わって、その対応ができない場合、経営者は廃業を考えるかもしれません。

例えば、大型の温泉旅館やホテルで一定の建物には、耐震改修促進法により耐震診断が義務付けられており、必要に応じて耐震補強などをしなくてはなりません。利用者の安全を守るという意味では、必要な制度ではありますが、事業者にとっては莫大な投資が必要なものです。こういった新しくできる制度に対応するための費用の捻出が困難な会社は、経営者が廃業を考えることになります。

こういった制度の場合、小規模事業者を保護するための施策や、補助金などが整備されていることもありますので、検討する必要があります。

これからの課題として、消費税の軽減税率とインボイス制度の導入があります。事業者がこの制度に対応するためには、レジスターの入替や、経理システムの刷新などの投資が必要で、小規模事業者にとっては決して軽い負担ではないためです。

図2-5　きっかけ別の対策事項

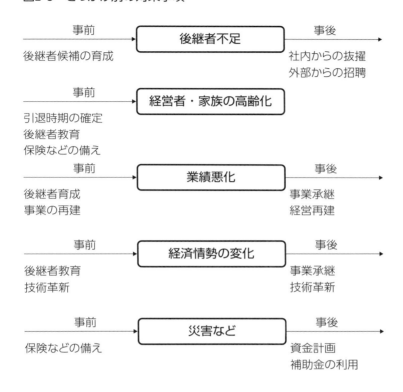

7 会社の規模

　廃業の検討をする際に、考慮に入れなければならないものに、会社の規模があります。会社の規模が大きければ大きいほど、その会社の廃業によって影響を受ける関係者が多くなりますので、慎重な検討が必要となります。

　廃業を考える会社の多くは、中小企業の中でも特に規模の小さな会社である場合が大半です。しかし、いくら小さな会社であっても、従業員を抱えていたり、他にはない商品やサービスを提供していたりしますので、廃

業によって影響を受ける関係者がいます。これらのことを考えると、安易に廃業はできません。

　ある程度の規模の会社の場合は、後継者がいなければ社内から探すことも可能でしょうし、突発的な事象に対応できる財務的な体力がありますので、廃業を回避できる可能性は高まります。一方、規模があまりにも小さな会社の場合、廃業を回避する施策を実行するのにも困難を伴う場合が多いでしょう。

　会社規模によって、どの程度の対策が実行できるかが変わってきますので、注意が必要となります。

第5節 廃業に代わる選択肢

　第4節では、経営者が廃業を考え始めた後、もしくはその前に、廃業を回避するための対策について検討すべき事項を扱いました。この節では、自らによる事業の継続をあきらめるが、廃業の他の選択肢はないのかという点を検討します。

1 M&A

　会社を廃業する場合、様々な手続きを経なければなりません。廃業・清算の詳細については第9章で取り扱いますが、最も大変な作業のひとつに、従業員の整理があります。廃業するからといっても、簡単に従業員を解雇することはできなくなっています。

　そこで考えられるのが、事業もしくは会社そのものの譲渡です。従業員や取引先などを丸抱えで、他社に譲渡することで、経営者もしくは会社の株主は利益を得ることが可能です。また、従業員も職を失わずに済みます。

　事業や会社の譲渡は、事業が継続するという意味においては廃業ではありませんが、経営者がその会社の経営権を手放すという点では同じです。

　事業や会社を他者に譲渡することをM&Aといいます。M&Aは Mergers and Acquisitionsの略で、企業合併と企業買収のことをいいますが一般的には企業買収のイメージが強いと思います。本書では、買収する側ではなく、売り手側としてM&Aを考えることとなります。

第2章　廃業に至る過程と検討すべき事項　　35

① 株式譲渡

経営者などが有している会社の株式を他者に譲り渡す方式のM＆Aを株式譲渡といいます。会社をまるごと他者に譲り渡すイメージです。詳細は第4章で取り扱います。

② 事業譲渡

事業譲渡は、会社の営んでいる事業を会社から切り離して、第三者に譲渡する、M＆Aの手法のひとつです。事業を切り離された会社は、経営者のもとに残りますので、その残った会社につき、廃業するのか、また別の方法で継続するのかを考えます。詳細は第5章で取り扱います。

2 事業の縮小

事業を完全に辞めてしまうのではなく、事業の内容を変えたり、規模を縮小して継続するという考え方もあります。事業転換と個人成りです。

① 事業転換

事業転換はこれまで営んできた事業を、まったく別の事業に変えてしまうことをいいます。従前の事業は規模を縮小して続けるか、あるいはやめてしまうこともありますが、どちらにせよ、主たる事業が変わることをいいます。

ここでは、これまでの事業に従事することが困難になったとしても、別の事業であれば継続可能であるという場合は、事業内容を転換して会社の存続を図ろうというものです。具体的には手間のかからない不動産賃貸業などへの転換があげられます。詳細は第6章で取り扱います。

36

❷ 個人成り

　個人成りは、事業そのものは存続するが、会社組織として営業するのではなく、まったくの個人事業に変えて存続するという考え方です。

　まずは個人事業で始め、規模が拡大したら法人化しようというものを法人成りといいますが、その反対です。事業の規模が縮小した場合には、個人事業である場合の方が税務上のメリットがある場合がありますので、場合によっては検討の余地があるかもしれません。詳細については第7章で取り扱います。

3　戦略的廃業

　法人の自主廃業については、会社の存続や事業の継続が困難であると経営者が判断して行う場合の他、経営判断として戦略的に会社を廃業する場合も考えられます。

　こういった場合は、事業の継続の検討や、廃業に変わる代替案の検討などは不要となるかもしれません。ただし、廃業に伴う手続きについては、自主廃業も戦略的廃業も同じです。手続きの詳細については第9章で取り扱います。

第2章　廃業に至る過程と検討すべき事項　　37

第6節 事業承継の視点

　後継者の不在や経営者の健康問題で廃業を検討したり、実際に廃業せざるを得ないという企業が共通して抱える問題は、事業承継です。

1 事業承継とは

　事業承継とは、経営者が営んでいる会社を、後継者に譲ることをいいます。事業承継で後継者に譲られるものには、会社の経営権（代表取締役としての職席上の地位）の他、議決権を有する会社の株式、その会社の事業に使っている事業上の資産なども含まれます。

　現在、事業承継がなかなか進展しないという問題が生じています。事業承継がうまく進展しなかった場合の最終終着点として、廃業が位置付けられていると考えますと、廃業を考える際に、事業承継の視点は外すことはできません。

2 事業承継をどう考えるか

　廃業という点だけを考えた場合、業務の幅は狭くなります。廃業の根本に事業承継の問題がはらんでいる以上、事業承継にまで視野を広げて考える必要があるでしょう。

　事業承継を考える場合、注視しなければならない税務上の課題は会社の株式と経営者の相続です。株式を後継者に移す場合には、必ず税金が関わ

ってきます。また、会社の株式が経営者の財産である以上、経営者の相続についても考える必要があるでしょう。

　会社の株式と相続については、第8章で取り扱います。

　廃業をする場合にも、会社の株式と経営者の相続は、検討すべき重要な事項の一つとなっています。

第3章

パターン別存続対策

第1節　廃業の対案を考える

　企業の経営者が廃業を考える場合、顧問税理士が経営者の良き相談役としてしなければならないことは、廃業を後押しするか、それとも廃業を思いとどまらせ、事業の継続をさせるかです。経営者が廃業を考えるに至った場合、それには当然、きっかけと原因が存在します。そのきっかけと原因を調べ、これらに対する案を出し、策を講じることにより企業は継続することが可能となるのです。

　ここでは、企業の置かれた状況、つまり経営者が廃業を考えるきっかけとなった原因別に企業をいくつかのパターンに分けて、それぞれ考え検討すべきことや、対策の例を紹介します。

　対策を検討する前に、廃業した場合に起こりうる事態について、それぞれ検討をする必要があります。ここでは、次の4つに分けて検討をします。

① 　経営者
② 　従業員
③ 　取引先
④ 　社会性

1 経営者

　経営者が自ら営んできた企業を廃業し、引退した場合について考えます。このパターンの場合、通常経営者は高齢であることが多いと思われます。つまり、経営者を引退した老後について考えなければなりません。

第3章　パターン別存続対策　　43

経営者の引退後について考えておくべきことは、①退職金と生活資金、②会社に対する債権債務、③金融機関などに対する個人保証、④廃業後も負わざるを得ない社会的責任　などです。

1 退職金と生活資金

　廃業をした場合であっても、後継者に後を任せて勇退した場合であっても、前経営者には余生を送るための生活資金が必要となります。廃業ではなく、勇退した場合には、事業が継続している会社から、退職金をもらったり、配当金なども期待できるでしょう。

　しかし、廃業をしてしまいますと、配当金などはありませんし、退職金も期待できない場合があります。会社を清算してしまい、残余財産の分配を受けることができますが、どの程度の残余財産があるかは企業の状況に応じて様々です。

　ハッピーリタイアメントという言葉があります。豊かな老後の資金を確保し、退職後に悠々自適の生活をおくるという意味ですが、経営者もこのハッピーリタイアメントを達成するための方法を考える必要があります。その際、廃業がよいのか、事業の他者への譲渡がよいのかということを検討しなければなりません。

2 会社に対する債権債務

　経営者の場合、会社に対して貸付けをしていたり、場合によっては会社から借入れをしていることがあります。廃業し、会社を清算する場合には、これらの債権債務も清算する必要があります。会社や経営者個人の資金繰りによっては、清算が難しい場合もありますので、事前の検証が必要です。

44

❸ 金融機関などに対する個人保証

会社と経営者個人との間の債権債務については、債権を放棄したり、債務を免除してもらったりということでの清算は可能かもしれません。しかし、第三者との関係では、このような解決の方法は難しいでしょう。

金融機関からの借入れに対して、経営者が個人保証をしているケースは多いと思います。会社を清算することが困難な場合もありますので、どのようにすれば経営者にとって有利になるのかを考える必要があります。

❹ 廃業後も負わざるを得ない社会的責任

経営者は、会社を廃業したからといって、全ての責任から逃れられるわけではありません。例えば、従業員に対する残業代の未払いなどがあった場合、廃業によりその責任を負わずに済むというわけではありません。

会社の商行為について廃業後に問題が生じた場合など、状況によっては経営者が責任を負わなければならないこともあり得ます。

2 従業員

廃業を選んだ場合、そこで働いている従業員の雇用をどのようにするかは大きな問題です。従業員について考えるべき事項は、①従業員の雇用維持、②従業員への退職金、③従業員への告知になります。

❶ 従業員の雇用維持

従業員にも生活があるため、雇用を守るための対策をとらなければなりません。

取引先などに再雇用の口を見つけてあげるなどの支援をする経営者もいるかもしれませんが、従業員全員の雇用を確保するのは大変なことです。

第3章　パターン別存続対策　　45

ハローワークなどで相談し、再就職援助計画などを提出するのも一つの
手ですが、やはり従業員を多く抱えているのでしたら、事業の継続を検討
するのが最善でしょう。

② 従業員への退職金

　廃業をして、従業員を解雇する場合、退職金も問題となります。業績悪
化による倒産ではありませんので、退職金を払わなくてよいというわけで
はありません。退職金はまとまった金額となりますので、資金繰りも問題
となってきます。

③ 従業員への告知

　従業員にいつの時点で告知をするかという点も、注意しなければなりま
せん。廃業といえば動揺が広がるのは間違いありませんので、その後の従
業員のモチベーションに影響を与えます。ですので、あまり早すぎてもよ
くありません。

　ただし、従業員も廃業後の身の振り方を考えるのに時間が必要となりま
す。再就職先を探す必要などがあるからです。ですので、1～3か月程度
の猶予期間も必要でしょう。

3 取引先

　取引先との関係も検討しなければなりません。取引先にとって、その会
社が不可欠な取引相手であるのであれば、廃業が取引先企業の与える影響
は大きいからです。考えるべき事項は、①取引先との契約関係、②取引先
に与える影響、③取引先に対する債権債務などです。

1 取引先との契約関係

　通常の企業であれば、取引先とは契約を締結して、その内容にしたがった取引を行っています。廃業することによって、その契約の内容がどのようになるのかはよく考える必要があります。契約期間中の契約破棄が賠償問題に発展する可能性もあります。

2 取引先に与える影響

　廃業は、取引先に対しても影響を与えます。廃業する会社が、取引先にとって重要な取引相手である場合はなおさらです。例えば、取引先にとってその会社が唯一あるいは主要な仕入先や顧客である場合、その会社が廃業することで、取引先も事業を継続できなくなるおそれがあります。廃業を考える場合、取引先への影響を考え、可能であればその取引先に事業を引き継いでもらえないのかということも検討する必要があります。

3 取引先に対する債権債務

　取引先に対して、債権や債務がある場合、その処理を考えなければなりません。例えば、取引先からの債務がある場合は、当然返済をしなければなりませんので、資金繰りについてよく検討する必要があります。

　取引先に対する債権がある場合、返済してもらう必要がありますが、相手のあることですので、すぐには実現しないかもしれません。では、債権放棄するとどうかということですが、債権放棄した場合、取引先にとっては免除益となり、課税の対象とされてしまいますので、困るということもあるでしょう。

　簿外の債務についても考える必要があります。例えば、取引先に納入した製品に問題があり、訴訟問題となった場合、廃業しているから関係ないというわけにもいかない場合もあります。

第3章　パターン別存続対策　　47

4 社会性

　最後に考える点は、その会社の社会性です。企業が企業として存続していたのは、その営む事業についてニーズがあり、顧客がいたからです。そのサービスを失うことは、顧客ひいては社会にとっての損失につながります。

　例えば、地域社会にとって欠くことのできない伝統的な物品を唯一製造していたなど、社会にとってなくなると困るという場合です。

　また、経営者として社会に貢献しているという自尊心も大切にしなければなりません。経済的理由、損得勘定だけで廃業を考えるのではなく、その事業の社会的な意義も考え、存続を検討する必要があります。

第2節 後継者の有無と事業存続

　ここでは、後継者の有無に応じた事業存続のための検討事項について、次のチャートに応じて、各項目ごとに詳細に見ていきます。
　ここでは、事業の継続性に問題のない黒字企業を前提に考えています。もし企業の業績がよくない場合は、この他に事業の再生や企業の再建についても同時に検証していく必要があります（本章第3節参照）。

図3-1　事業継続検討チャート

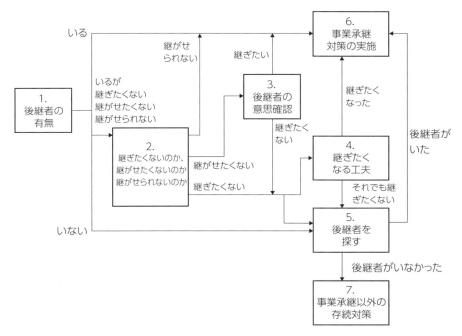

第3章　パターン別存続対策　　49

1 後継者の有無

　第2章でもふれたとおり。多くの黒字企業が、後継者不在のため廃業を検討せざるを得ない状況に置かれています。まずは後継者が本当に不在かどうかを検討してみましょう。

　後継者の有無については、次の3つの選択肢があると思います。

① 　後継者がいる

② 　後継者がいない

③ 　後継者候補はいるが、継ぎたくない／継がせたくない／継がせられない

1 後継者がいる

　後継者がいる場合には、事業承継対策を講じる必要があります。この場合に廃業を考えている企業はまれでしょう。事業承継対策の実施については 6 **事業承継対策の実施**を参照ください。

2 後継者がいない

　この場合、廃業を検討する経営者が多いようですが、その前に、今一度後継者がいないか検討する必要があります。後継者は親族である必要はありません。後継者を探す努力が必要となります。

3 後継者候補はいるが、継ぎたくない／継がせたくない／継がせられない

　この場合の後継者候補というのは、経営者の子どもなどの親族のことでしょう。継いでもらいたいが、子どもにその気がない場合、廃業を検討するでしょう。

50

また、子どもが例えば大手企業に勤めて安定した給与を得ているのに、それを辞めさせてまで継がせたくないと考える経営者もいるでしょう。

子どもが後継者になりたいという意思があり、また経営者自身も継いでもらいたいと思っていても、後継者に能力がない場合もあります。この場合は、継がせられないでしょう。

それぞれの場合に分けて考える必要があります。

2 継ぎたくないのか、継がせたくないのか、継がせられないのか

後継者候補がいるとしても、いずれかの理由により、後継者にすることができない場合には、それぞれの状況に応じて対応を考える必要があります。

1 継ぎたくない場合

後継者候補が継ぎたくないといっている場合は、その原因を把握する必要があります。例えば、経営者が営んでいる事業に興味が持てないのか、他にやりたいことがあるのか、経営をしていくことに不安があるのかなどです。

理由を把握した上で、後継者候補が継ぎたくなるような工夫を講じるのか、それとも別の後継者を探すのかを検討します。

2 継がせたくない場合

会社の経営が順調ではない場合、親は子に会社を継がせたくないと思うかもしれません。企業の業績が堅調であっても、将来性に不安があったり、サラリーマンとは異なり様々な責任が重くのしかかる経営者の仕事をさせ

たくないと思うかもしれません。

　しかし、まずは後継者候補の本人に、継ぐ意思があるかどうかを確認しましょう。

３ 継がせられない場合

　後継者候補に経営者としての能力が無い場合、継がせられないと考えることが多いでしょう。また、子どもが後継者となるには若すぎたりする場合も考えられます。

　この場合も、事業承継対策となります。継がせられないのであれば、それにあった対策を講じればよいのです。例えば、後継者の能力が足りない場合は、ホールディングス（持株会社）を活用して所有と経営の分離を図るなどの方法も考えられます。後継者が若すぎるのであれば、一旦中継ぎに親族外の経営者を挟むという方法もあります。これらは全て事業承継対策の一環となります。

３　後継者の意思確認

　後継者候補がいるが、継がせたくない場合には、まず本人の意思を確認します。本人に継ぎたいという意思があるのであれば、継げるように事業承継対策を講じることになります。

　本人に継ぐ意思が無いのであれば、別の後継者を探すなどの手を打つことになります。

４　継ぎたくなる工夫

　後継者候補がその会社を継ぎたくないという理由は様々です。無理に継

がせることは後々問題を発生させる可能性がありますので、慎重に検討しなければなりません。

後継者の意思として自ら継ぎたいと思わせるような対策を考える必要があります。

例えば、知的資産経営という考え方があります。企業の強み（知的資産）を把握し活用することで業績の向上や、企業の価値向上に結びつける経営をいいます。経済産業省が主体となって知的資産経営を推進しようとする動きがあります。知的資産経営報告書を作成し、自社の財務諸表には現れない価値を明らかにすることで、後継者が継ぎたいと思う可能性もあります。

後継者が承継の意思を持てば、あとは事業承継対策の問題になりますが、それでも継ぎたくないという場合は、他の後継者を探すしかありません。

5 後継者を探す

後継者がいないといっても、全く候補がいない場合はまれです。子どもや親族がいない場合であっても、役員、従業員、社外の第三者などがいないわけではないでしょう。

親族外承継はもはや一般的ですので、社内の人物に後を継いでもらうというのは選択肢の一つとして検討する必要があります。

ただし、会社の規模が小さい場合は、後継者を外から連れてくるということには困難が伴います。

後継者が見つかった場合には、事業承継対策へ進みます。もし後継者が見つからなければ、事業承継以外の方法で事業の存続を検討しなければなりません。

第3章　パターン別存続対策　　53

6 事業承継対策の実施

　事業承継対策については本書の主題ではありませんので、具体的な手法等は別の専門書に譲るとしまして、事業承継対策を実施する際に考えるべき事項と対策の流れについて、簡潔にまとめたいと思います。

　事業承継対策は、経営の承継と、資産の承継という2本の柱から考える必要があります。経営の承継とは、経営権の承継であり、経営者が持っているノウハウや人脈などの承継でもあります。組織作りの面もあり、どのような企業組織であれば後継者の経営が円滑に進むのかなども検討します。後継者教育も含みます。

　一方、資産の承継は、会社の株式や事業用資産などの承継です。これには税金の問題が付きまといますので、節税対策なども検討する必要があります。また、経営者個人の相続対策の面も重要となってきます。

　事業承継対策の流れは、多くの場合、現状の把握、問題点・課題の洗い出し、解決方法の策定、実施という手順で進みます。事業承継対策は時間のかかることですので、早めに取り掛かるのが最善です。

7 事業承継以外の存続対策

　後継者がいないからといって、即廃業を検討するのではなく、本章第1節の各項目について熟考し、事業存続の可能性とその方法について検討する必要があります。事業存続の方法としては、次の方法があります。

① M&A
② 事業転換
③ 個人成り

1 M&A

　M&Aは事業を他者に売り渡して、他者の下で事業を存続させる方法です。メリットとしては、譲渡の対価を受け取ることができるという点で、引退後の生活資金という面で安心です。

　また、基本的には会社や事業がそのまま残るので、従業員の雇用が守られ、取引先との関係も維持できます。

　株式譲渡と事業譲渡の2つの方法があります。

2 事業転換

　事業転換は、事業内容を変更するということです。この場合は、本業を廃止し、不動産賃貸業のような不労所得を得られる資産管理、資産運用会社への転換を指します。

　メリットとしては、転換後も収入が確保できるので、生活資金面で安心できることです。しかし、本業を廃止してしまうため、従業員の整理や取引先との関係の終了などの課題があります。

　M&Aの事業譲渡と組み合わせ、本業部分は他社に引き渡し、残った部分で事業転換をするといった組み合わせで考えることが多いでしょう。

3 個人成り

　個人成りは、法人を廃止して、個人事業として事業を継続する方法です。事業の規模が小さくなった場合、法人税よりも所得税の方が、税負担が軽くなる場合があります。廃業をしても、しばらくは細々と事業を続けたい場合に有効です。また事業転換をして不動産賃貸業等となったときに、規模が小さければ法人で経営せず、個人で経営することも選択肢の一つになります。

第3章　パターン別存続対策　　55

第3節 事業存続の手法と廃業の検討

　第2節では後継者の有無と事業存続について検討しましたが、この節では、事業存続の手法と、その手法のどれもが難しい場合の最終手段としての廃業について検討します。

　事業存続の手法については、第2節 **7 事業承継以外の存続対策**で列挙した3つについて、次のチャートに従って説明します。

図3-2　事業継続手法の検討チャート

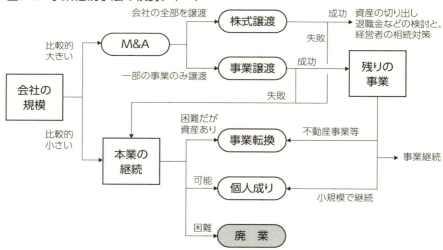

1 会社の規模の検討

　M&Aの案件として成立するかどうかは、会社の規模によります。例え

ば、個人商店のような会社の場合は、M&Aの案件にはなかなかなりません。M&Aの案件として成立するかどうかということが、最初に検討すべき事項です。

　従業員の有無もこの検討の際には重要な要素になってきます。従業員がいない、いても親族であるような場合は、従業員の整理という問題を解決する必要がなくなりますので、M&Aによらず別の方法を検討することが容易となります。しかし、従業員を抱えている場合、その整理や雇用の維持を考えると、やはりM&Aを優先して考えることとなります。

　会社の規模が比較的大きければM&Aを、小さければ事業転換や個人成りを検討する事になります。ただし、会社規模が小さいからといって、必ずしもM&Aの対象にならない訳ではありません。その会社のブランド価値や、技術力、特許などもM&Aの案件になるかどうかを左右する大きな要因となるためです。

　まずは顧問税理士や、M&A支援会社、金融機関に相談し、その会社がM&Aの案件として成立するかどうかを検討します。

2 M&Aの手法の検討

　会社をM&Aで譲渡するという方針が決まれば、次はその手法を検討します。M&Aの手法については様々なものがあります。詳細は第4章で扱いますが、本書では主に株式譲渡と事業譲渡の2つを取り扱います。

　株式譲渡は会社の株式をM&Aの相手方に譲渡することにより、会社そのものを相手に売り渡す手法です。

　事業譲渡は、会社の一部門を切り分けて、M&Aの相手方に譲渡することで、会社はまだ経営者の手許に残ります。

　一般的には、株式譲渡の手法が多くとられます。手続きが簡単であると

第3章　パターン別存続対策　　57

いう点に加え、経営者に金銭が入るという点からも、売り手側にメリット
が多い手法です。

　一方、事業譲渡は、事業の切り離しの手続きが煩雑であるため、面倒で
すが、簿外の債務を引き継ぐおそれが少ないという点で買い手側に有利な
手法です。しかし、どうしてもM&Aを成功させたいと売り手側が望む場
合等、事業譲渡の手法がとられる場面は多くあります。

3　株式譲渡

　株式譲渡の手続きや税務上の論点は、第4章にゆずるとして、ここでは
同時に検討しなければならないことを記述します。

　基本的な視点としては、本章第1節の各項目が中心となりますが、会社
そのものは他社に引き継がれて存続しますので、従業員や取引先について
は概ね心配いらないでしょう。

　重要な点は、M&Aに伴って受ける対価と退職金、非事業用資産の切り
離し等です。どれも、退任後の生活資金に関わる問題です。また、個人で
所有する事業用財産の処分、法人への貸付け、法人からの借入れ、金融機
関への個人保証など、経営者として負っていた責任と権利の部分の処理も
検討すべき事項です。

1　対　価

　株式譲渡の場合、M&Aの対価は株主のものとなります。M&Aの前に株
式を集約するなどの方法の検討が必要です。

　また、将来の相続に備えて、M&Aの前に株式を子どもに贈与するなど
の方法も有効です。

58

2 退職金

　経営者はM&Aによりその会社の経営から退くことになります。この場合、退職金を得ることができます。この退職金が退任後の経営者の生活資金となります。

　M&Aの相手側との交渉次第ですが、M&A後に退職せず、取締役や顧問として会社に留まるという選択肢もあります。この場合は、役員報酬等が得られます。これまで通りの役員報酬なのか、減額されるのかはM&Aの相手方との交渉によりますが、一定額を確保できれば生活資金の面では安心です。また、将来退任するときには退職金の受給も見込めます。

3 非事業用資産の切り離し

　非事業用資産とは、基本的に事業に不必要であるが、会社が所有している資産をいいます。例えば社用車や、ゴルフ会員権などです。これらについてもM&Aの際に経営者個人に移すことを検討しなければなりませんが、ここで取り上げる非事業用資産の代表は賃貸用不動産です。

　賃貸用不動産が事業に不要であるかという論点は置いておいても、本業とは別で不労の所得を得ているという意味では非事業用資産であると考えられます。不動産賃貸業が本業である場合は、事業用資産ということになりますが、この場合は、事業継続が困難であるとは一概に言えないので、今回は除いています。

　賃貸用不動産をM&Aの際に切り離すのは、その資産から入る賃料収入が経営者の引退後の生活資金となるからです。また、事業を他社に譲ったとしても、先祖伝来の不動産は手元に置いておきたいと考える経営者もいます。

　ただし、不動産はM&Aの対価の計算をする際の重要な要素となっており、その不動産が欲しいがためにM&Aをしたいという買い手もいますので、不動産分離の際は相手側との相談が必要となります。

第3章　パターン別存続対策　　59

4 個人で所有する事業用資産の処分

3とは逆に、経営者個人が事業の用に供するため個人的に所有している資産を、M&Aの際に会社に譲渡することを考える必要があります。

機械や器具を経営者が所有していることはまれですが、事務所や工場の建物、土地を個人で所有しているということはよくあることです。

これもM&Aの相手側との交渉によりますが、土地建物を会社に譲渡してしまうのか、これまで同様、会社に貸し付けて賃料収入を得るのかの選択になります。

5 法人への貸付け、法人からの借入れ

経営者が法人に資金を貸し付けている場合には、その貸付金をどのように回収するのか、あるいは債務免除してしまうのかの検討が必要です。

同じように、経営者が会社から借入れをしている場合は、どのように返済するのかを考える必要があります。

6 金融機関に対する個人保証

経営者は会社の借入れに際し、金融機関から個人保証を求められている場合があります。M&Aの際には、この個人保証を外し、必要であれば他に付け替えてもらう必要があります。

また、経営者個人の不動産が借入れの担保に入れられている場合があります。この抵当を外すことについても検討が必要です。

これらの検討事項を解決した上で、株式譲渡を実行することになります。M&Aは相手のいることですので、売り手の希望がすべて通るというわけではありません。どこかに妥協点を見出すことも、M&Aを成功させるためには必要です。

図3-3 株式譲渡で検討する事項の一覧

検討事項	内 容
株式の集約	M&A に先んじて、対象となる株式を経営者本人あるいは法定相続人に集約する。
株主対策	M&A 実行の際に障害となる可能性のある少数株主を整理する。
M&A 後の収入確保	役員を退任すると収入が途絶えるので、代わりとなる収入源を確保する必要がある。
退職金の受給	退職金は、退任後の生活資金となるので、妥当な金額を M&A の相手方と協議する。不動産などの現物で支給ということも可能。
M&A 後のポスト	M&A で企業を譲渡した後でも、条件によっては役員として留任でき、報酬を得ることができる場合がある。
非事業用資産の切り離し	事業に関係のない資産を企業から切り離すことを検討する。基本的には経営者が対価を支払い対象企業から購入する。
賃貸用不動産の切り離し	賃貸用不動産を切り離し、引き続き自己で運営することにより、収入源を確保することができる。
M&A 対象事業にかかる不動産	事業用の不動産を切り離し、引き続き自己で運営し、M&A で譲渡した企業から賃料収入を得ることは可能かどうかを検討する。
分社化	不動産を切り離す場合、経営者が購入するのではなく、会社を分社して、M&A の対象とする企業と、残す企業に分けることを検討する。
個人所有の事業用資産の処分	事業用の資産で経営者個人が所有しているものについて、企業側に譲渡するか、賃貸するかを検討する。
法人への貸付け	返済してもらうのか、債務免除するのかを検討する。
法人からの借入れ	返済するのか、債務免除してもらえるのかを検討する。
個人保証	金融機関からの借入れ等にかかる個人保証や不動産の抵当などの処理を検討する。

第 3 章　パターン別存続対策　　61

4 事業譲渡

　事業譲渡の手続きや税務上の論点は、第5章にゆずるとして、ここでは同時に検討しなければならないことを記述します。

　基本的な視点としては、本章第1節の各項目が中心となりますが、株式譲渡と異なり、会社の一部門の譲渡になりますので、株式譲渡と比べて、検討すべき点が多くなります。

　先述のとおり、一般的には、株式譲渡の手法でのM&Aを目指す方が、売り手側にメリットがあります。しかし、どうしても会社を手元に残したい、あるいは自分で継続したい事業部門がある場合、又は多少不利な条件であってもM&Aを成功させたい場合には事業譲渡も考えられます。

　どちらの手法が良いかは、顧問税理士やM&A支援企業などに相談することになるでしょう。

　また、本書では詳細は取り扱いませんが、会社分割などの手法を使えば、譲渡したい部門を分社して、その会社を株式譲渡によりM&Aで売却することも可能です。

　事業譲渡をする場合の検討事項は、次の通りです。

1 切り離す部門

　事業譲渡で検討すべき事項の中で最も重要なのは、どの部分を切り離して譲渡するかということです。部門に付随する機械や設備、従業員、債権債務の全てを列挙するのは大変な作業です。

　また、行政上の許認可等については通常は法人で取得しているため、事業譲渡では移すことができません。

② 対価と経営者への資金異動

事業譲渡の対価については、株式譲渡とは異なり、会社に支払われます。その対価を経営者個人へ異動させるには別の手段を検討する必要があります。例えば退職金や配当金です。ただし、いずれの方法であっても税負担が伴います。

③ 契約の更新

事業部門にかかる契約について、更新をしなければなりません。この契約更新は手間ですので、準備が必要です。

④ 残りの事業

事業譲渡により、一部の部門が切り離された後の残りの事業については、今一度どのように経営していくかを検討する必要があります。残された事業について、そのまま企業経営を継続するのか、それとも不動産賃貸業に事業転換するのか、個人成りをして、個人事業として続けていくのかの選択をすることになります。

⑤ 借入れ、貸付け、個人保証

事業譲渡の場合、会社は残りますので、経営者と会社の間での貸し借りは残ります。金融機関などの借入れについては、切り離された事業にかかる部分については事業譲渡の対象とされるでしょうが、経営者と会社の間の貸し借りまでは対象になっていないでしょう。また、金融機関からの借入れに対する個人保証や、担保提供についても吟味する必要があります。

⑥ 事業承継

事業譲渡の場合は、会社は経営者の手元に残ります。つまり、経営者は

引き続き会社経営を続けなければなりません。それは、いつかは事業承継をしなければならないということです。経営者の相続対策とともに検討すべき事項になります。

図3-4　事業譲渡で検討する事項の一覧

検討事項	内　容
譲渡する部門の検討	譲渡する部門とそれに付随する資産負債の検討をする。所属する従業員や、行政上の許認可関係についても検討が必要。
対価の経営者への異動	事業譲渡の対価は会社に入るので、それを経営者に異動させる方法を検討する。税負担についても考慮する。
事業にかかる契約の見直し	契約の名義については M&A で引き継がれないので、更新等の準備をする。
残った事業について	会社に残る事業について、今後の展開を考える。事業転換や個人成りも同時に検討する。
個人所有の事業用資産の処分	事業用の資産で経営者個人が所有しているものについて、買い手側に譲渡するか、賃貸するかを検討する。
法人への貸付け (事業にかかるもの)	返済してもらうのか、債務免除するのかを検討する。
個人保証 (事業にかかるもの)	金融機関からの借入れ等にかかる個人保証や不動産の抵当などの処理を検討する。
事業承継	会社は継続するので、将来の事業承継についても検討する。

5　事業の継続

　M&A 以外の方法で事業を継続すると考えた場合、選択肢としてあがるのは、事業転換と個人成りです。個人成りは、事業は細々と継続しますが、法人としての営業は終了し、個人事業としての存続となります。

一方、事業転換は、事業の継続はあきらめますが、不動産賃貸業など経営に手間のかからない事業に転換して法人組織としては存続します。

つまり、会社を残すか、事業を残すかの選択ということになります。

どちらも困難だという判断をした場合は、ここで廃業という選択肢が登場します。

1 事業転換

本書における事業転換は、不動産賃貸業等の資産管理運用会社への転換を考えています。すなわち、本業部分をM&Aで譲渡したり、あるいは廃止したりして、不動産のみが残った会社を想定します。事業譲渡の対価でもって不動産を取得するという考え方もできます。

事業転換の場合、本業は廃止もしくは譲渡してしまいますので、次の事項について検討する必要があります。

① 事業の整理

事業転換をする場合、どの事業を廃止し、どの事業を残すのか、あるいは新たに始めるのかを考えます。ここでは、不動産賃貸事業だけを残す、あるいは全ての事業を廃して不動産賃貸事業を行うということを考えます。

賃貸物件の選定や絞込みなども同時に行います。事業の維持に手間がかからないようにするという点も重要ですし、経営者がどのくらいの報酬をとりたいかという点も重要になります。

② 従業員の整理

不動産賃貸業に事業転換した場合、従業員はほとんど雇用する必要がありません。事業転換の時期に応じて順次整理していく必要があります。この場合、退職金の支給や、再就職先の世話などをする必要があるかもしれ

第3章 パターン別存続対策　　65

ません。

③　収入の確保

　不動産賃貸業で得られる家賃収入を源泉として、経営者は役員報酬を得ます。事業転換前ほどの役員報酬は得られないかもしれませんが、経営者の仕事量としては格段に減ることになるでしょう。

　どれくらいの収入を得たいかによって、事業転換後の会社の設計をする必要があります。

④　将来の事業承継への備えと相続対策

　不動産賃貸業の場合、子どもがサラリーマンをやりながら、資産管理会社の経営者を務めることも可能です。副業が許可されるかどうかは別問題ですが、サラリーマンとしての給与手当ての他に、役員報酬を若干であっても得られることになります。

　子どもにこの会社を継がせる場合、まず考えなければならないのが、会社の株式の異動方法ということになります。本章第2節 **6** で、事業承継対策については経営の承継と資産の承継という2本の柱から考える必要があると述べましたが、不動産賃貸業の場合は、資産の承継という面が強くなります。つまり、株価対策、贈与税対策、相続税対策が中心となります。

図3-5　事業転換で検討する事項の一覧

検討事項	内　容
事業の整理	事業転換で廃止する事業、継続する事業、新規に始める事業について検討する。
従業員の整理	事業転換に伴う人員の整理について検討する。
収入の確保	事業転換後の経営者の収入について増減を予測し、必要な収入を確保できるよう計画する。
事業承継	会社は継続するので、将来の事業承継も検討する。

❷ 個人成り

　個人成りは今まで法人事業として営んでいた事業を、個人事業として規模を縮小して行う場合の手法です。税金の面で法人よりも個人の方が有利と考えられる場合に実施します。

　事業転換により会社を不動産賃貸業にした場合に、賃貸用不動産の規模が小さく、法人で経営するほどのこともないと判断された場合も、個人成りが適当です。

　個人成りの際に検討すべき事項は次の通りです。

①　規模の縮小

　今までは法人としてある程度の規模を持って行っていた事業を、個人成りさせるということは、規模の縮小をするということになります。老後の趣味の延長線上にある事業というと、語弊があるかもしれませんが、今までの通りの規模で事業を継続することは困難だが、死ぬまで仕事をしたいという場合は、個人で規模を縮小して営むのが最善でしょう。

②　従業員の整理

　個人事業主であっても従業員を雇用できますので、個人成りするからといって、無理に従業員を整理する必要はありませんが、事業の規模を縮小することとなりますので、規模に見合った従業員数に整理することになるでしょう。

③　収入の確保

　個人成りをする場合であっても、経営者の収入は確保しなければなりません。年金収入があり、また貯蓄があるから、仕事は赤字にならない程度にと考えられる方もいると思いますが、どの程度の収支にするかは事前に

計画して個人成りをする必要があります。

④　事業承継と廃業の時期

　個人事業を子どもなどが承継するということもなくはありませんが、個人成りをした後の個人事業を継ぐという場合はまれでしょう。

　唯一、不動産賃貸業を個人事業として営んでいる場合は、その承継が考えられます。この場合は、事業の承継というよりも資産の承継という意味合いが強く、相続対策についての問題になります。

　個人事業は法人とは違い、廃業に関してそれほど手間を要する手続きがあるわけではないので、あまり計画せずに廃業したとしても、問題になることはないでしょう。

図3-6　個人成りで検討する事項の一覧

検討事項	内　容
事業の規模縮小	事業の縮小について検討する。個人成りを選択するのは、法人税よりも所得税の方が有利になる場合。
従業員の整理	事業規模の縮小に伴う人員の整理について検討する。
収入の確保	個人成り後の経営者の収入について増減を予測し、必要な収入を確保できるよう計画する。
相続対策	事業にかかる資産があれば、相続対策について考える必要がある。

6　廃　業

　事業継続のための様々な検討を行った結果として、事業の継続が困難であると結論付けた場合、廃業を実行します。廃業の実務については第9章で詳細に取り扱います。

第**4**章

M&A─株式譲渡

第1節 M&Aとは

　M＆AとはMergers and Acquisitionsの略で、合併と買収を意味しています。

1 M&Aの類型

　M&Aは合併と買収を意味しており、大別して合併という手法と、買収という手法があることになります。M&Aの対価という点に注目してみると、株式を対価とするのか、現金を対価とするのかに分けることができます。

　株式を対価としてM&Aを行う場合は、合併という手法となり、現金を対価としてM&Aを行う場合は、買収という手法となると考えても間違いではないでしょう。

　ただし、いきなり合併をM&Aの手法として使うことは少ないようです。最終的な目的が対象企業の合併であるとしても、まずは株式譲渡などを行い、対象企業を100％子会社としてから合併を目指すということの方が多いようです。

　本書では、M&Aが実行される際に最も多く使われる手法である、株式譲渡と事業譲渡について取り扱います。

　なお、M&Aは他社を支配に置くための行為であるとの考え方が一般的ですが、支配権を得ない業務提携なども含め、M&Aを広義にとらえるという考え方もあります。

第4章　M&A―株式譲渡　　71

図4-1　M&A　類型の概略

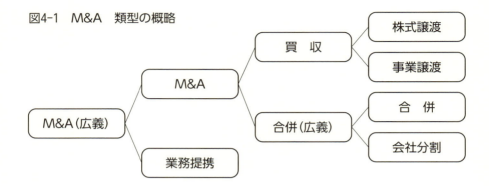

2　M&Aの目的

　企業がM&Aを実行する目的は多岐にわたります。例えば事業規模の拡大や事業の強化があげられます。同業他社をM&Aで取り込むことにより、その会社や事業の規模が拡大し、スケールメリットを活かすことができるようになります。同業他社の経営資源（ノウハウや技術など）を得ることによる収益性や生産性、効率性の向上により事業の強化やシナジー効果なども見込めます。

　また、企業が新規事業に参入する場合に、一からその事業を築き上げていくよりも、その事業を営んでいる会社や事業部門をM&Aで取得したほうが手っ取り早いです。手探りで新規事業を開始するよりも、ノウハウや技術、ブランド、顧客などを持った会社をM&Aで取得する方が、時間をかけずに新規事業に参入できます。

　最近では、労働力の不足が深刻ですので、同業他社をM&Aで取得することにより、一定のノウハウや技術を持った人材を取得したり、一定数の労働者を確保できたりすることも、M&Aの目的のひとつになっています。

　この他にも対象企業の持つ特許や許認可の取得を目的としたり、海外進出のための海外会社のM&Aなど、目的に応じて様々です。

ただし、これらのM&Aの目的は、買い手側の視点に立ったものです。本書では、廃業を避ける一手段としてのM&Aを売り手の視点に立って取り扱っています。

3 売り手側の目的

　売り手側がM&Aをする目的としては、不採算事業の整理や、資金調達といったことが考えられます。

　その会社にとっては不採算事業であっても、他社からすれば、生産力の向上や人材の確保の点から魅力的である場合がありますので、M&Aの対象になることがあります。また、売り手側としては、子会社や事業部門をM&Aで売却することで、新規事業への転換や算入のためのまとまった資金を調達することができます。

　ただし、M&Aの売り手側の目的として、昨今重要になってきているものは、事業承継目的です。後継者の不在は、経営者が廃業を考える大きな原因のひとつですが、会社を廃業させた場合には、雇用している従業員の整理など、考えなければならない問題が多く発生します。

　M&Aで会社を譲渡することができれば、従業員を整理する必要もありませんし、会社を存続させることができます。

　経営者の中には、M&Aなどの事業売却について、抵抗感があると感じている方も多くいるようです。廃業を考えている経営者であっても、M&Aという選択肢が最初からない場合がありますので、M&Aという選択肢が存在しており、検討するメリットがあることを経営者に伝える努力が必要でしょう。

　近年は若い経営者層を中心に、M＆Aに対する抵抗感がうすれてきています（図4-2）。事業拡大のひとつの手段として、M＆Aが考えられているのみならず、事業承継のひとつの手段としても、M＆Aが注目されています。

第4章　M&A―株式譲渡　　73

図4-2　M&Aなど事業売却への抵抗感の有無

●M&Aなど事業売却に抵抗感がありますか。

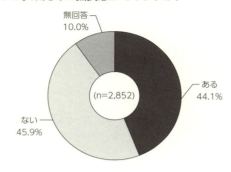

●M&Aなど事業売却への抵抗感の有無（経営者の現在の年齢別）

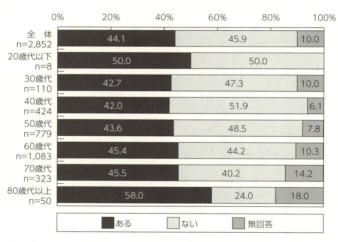

（出所）中小企業基盤整備機構「事業承継実態調査報告書」2011年3月

第2節 M&Aの流れ

　M&Aは会社や事業を売りますという会社がいて、それを買いますという会社がいなければ成立しません。また、いくらで売りたいという売り手の希望と、いくらで買いたいという買い手の希望のすりあわせや、条件の調整など、様々な課題を解決したうえで成立します。

1 M&Aの流れ

　M&Aは次のようなプロセスで行われるのが一般的です。売り手側の視点から、それぞれの中身をみてみましょう。

事前
①M&A戦略の策定
②M&Aアドバイザーの選定

交渉
③資料開示による買取希望企業の決定
④トップ面談と条件の交渉
⑤基本合意

詰め
⑥デューデリジェンス
⑦最終合意契約
⑧クロージング

第4章　M&A—株式譲渡　75

❶ M&A戦略の策定

　M&Aを検討する場合はまず、M&Aを実行する目的を明確にする必要があります。そして、M&Aアドバイザー（後述）に相談します。専門家に相談する際の注意点は、秘密保持契約を締結する点です。基本的に、これらの専門家が企業の機密を外部に漏洩させることはありませんが、万が一、その会社がM&Aを考えているという情報が外部に漏洩した場合の影響を考え、きちんとした相談相手を選ぶのと同時に、秘密保持契約の締結は不可欠でしょう。

　M&A戦略を策定する際に、経営者が気にする点は、「いったい自社はいくらで売れるのか」という企業評価についてでしょう。

　自社がM&Aを行う目的や希望の売却価額などの条件につき専門家と相談し、M&A戦略を策定します。

❷ M&Aアドバイザーの選定

　M&Aは買い手を探したり、交渉をしたりと、実行に至るまで、様々なプロセスを経ることとなります。ですので、M&Aの一連の業務は、専門的な知識を持った担当者に任せるのが適当です。

　M&Aに関する専門的なアドバイスをする業務のことを、M&Aアドバイザリー業務といい、担当者のことをM&Aアドバイザーと言ったりします。

　M&Aアドバイザリー業務は、金融機関やM&A支援会社などに委託するのがよいでしょう。というのも、M&Aアドバイザリー業務の内容は多岐に渡っており、財務、法務、税務、会計、経営、人事など様々な面からのアドバイスが必要となるため、実績のある組織や専門家に全体をマネジメントしてもらう方が安心であるからです。また、M&Aに特化した金融機関や支援会社は、売り手や買い手の情報を多く抱えているため、M&Aの相手を探すという面でも有利です。

❸ 資料開示による買取希望企業の決定

　M&Aアドバイザーは、金融機関やM&A支援会社を通して売り手企業の情報を発信します。この場合の情報はノンネームシートといわれ、会社の特定につながるような具体的な情報を除いた、事業内容や売上規模等の概要のみが匿名でまとめられたものです。

　ノンネームシートを閲覧し、買収に興味がある企業はM&Aアドバイザーと秘密保持契約を締結し、より詳細な情報の提供を受けます。そして、さらにM&Aに係る具体的な手続きを進めたい場合は、M&Aアドバイザーとアドバイザリー契約を締結します。

　これで、売り手と買い手というM&Aの交渉を行う両者が決まったことになります。

　なお、M&Aアドバイザーについては、売り手と買い手に別々のアドバイザーがいる場合（アドバイザリー形式）と、売り手と買い手の間を仲介するアドバイザーが1人だけいる場合（仲介形式）があります。中小企業のM&Aの場合は後者が多いようです。

❹ トップ面談と条件の交渉

　売り手と買い手が決まると、それぞれの条件について情報交換が行われます。質疑応答が行われ、条件の交渉が開始されます。

　また、トップ面談も行われます。トップ面談は、売り手と買い手の経営者が実際に会い、お互いの意見を交換します。売り手、買い手ともに、相手の経営者の人となりや経営に対する考え方を知ろうとします。

　売り手側の経営者としては、自分が今まで心血を注いできた会社を譲る相手ですから、買い手側の経営者の経営方針や人となりをよく観察して、売却可否の決定のための参考にします。自分の経営理念を継いで事業を継続してくれるか、従業員を大切に扱い、継続雇用してくれるか、取引先と

第4章　M&A─株式譲渡　　77

の関係を維持してくれるかなどは、売却価格などの条件よりも重要視される傾向にあります。

条件交渉において論点となるのは、譲渡価格、引継ぎの期間と条件、譲渡の時期、対価支払の条件などです。譲渡価格をいくらにするかという点は、最も関心の高い論点ですが、その他の条件も重要です。

例えば、M&Aの後、売り手側の経営者が顧問としてその会社に残り、今まで通りの役員報酬を得るなどの条件を提示することもできますし、経営者の銀行に対する個人保証を外すなどの条件も見落としてはならない点になります。

5 基本合意

条件交渉などが一段落し、お互いがその条件等を理解し、M&Aを進めることに合意した段階で、その合意内容を文書で締結することを基本合意といいます。いわゆる仮契約のようなものであると理解して差し支えないでしょう。

6 デューデリジェンス

デューデリジェンスは買収監査とも言われ、売り手側の提示した当該企業の事業内容や経営状態などの情報が正確であるかどうか、当該企業の価値や潜在的なリスク等を、買い手側の立場から確認し、買い手が最終的な意思決定に資する情報を提供する作業を言います。DDと略される場合もあります。

デューデリジェンスは、監査する視点により多岐に分かれており、財務デューデリジェンス、法務デューデリジェンス、税務デューデリジェンス、事業（ビジネス）デューデリジェンス、人事デューデリジェンスなどがあげられます。

財務デューデリジェンスは売り手から提示された財務諸表が適正に作成されているかどうかを検証し、企業の実態純資産や正常収益力などを分析します。

　法務デューデリジェンスは売り手側が締結している契約がM&Aやその後の経営へ与える影響について検証します。また、株主関係などの把握も行います。

　税務デューデリジェンスは過去の税務申告が適正になされ、M&A後に追徴課税などのリスクが無いかを検証します。

　事業（ビジネス）デューデリジェンスは事業計画等が妥当であるかを検証します。また、外部環境や内部環境が将来の事業計画に与える影響についても検証します。

　人事デューデリジェンスは、人事労務に関して給与水準などを把握分析し、未払賃金等の問題がないかを検証します。

　この他にも、検証すべき事項によって、ITデューデリジェンス、知的財産デューデリジェンス、環境デューデリジェンスなどがあります。

　これら全てのデューデリジェンスを実施しなければならない訳ではなく、M&Aの状況に応じて必要なデューデリジェンスを取捨選択して行うことになります。

　基本的にデューデリジェンスは買い手側が行いますので、売り手側の作業ではありませんが、M&Aを円滑に進めるためには、売り手側もデューデリジェンスに関する理解をしておく必要があります。

図4-3　デューデリジェンスの一覧

デューデリジェンスの種類	内　容	専門家
財務デューデリジェンス	財務諸表か適正に作成されているかなどを調査し、株価算定に資する。	税理士・公認会計士
法務デューデリジェンス	対象会社が締結している契約について、M＆Aに際して問題となるものがないかを確認する。	弁護士
税務デューデリジェンス	税務申告が適正に行われているかどうかを確認し、税務調査や追徴課税のリスクを検証する。	税理士
事業デューデリジェンス	事業計画が妥当に作成されているか、将来の事業の見通しなどを検証する。	コンサルタントなど
人事デューデリジェンス	雇用契約や各種規定を調査し、残業代の未払等の有無を検証する。	社会保険労務士
ＩＴデューデリジェンス	ＩＴに対する対応度合いやシステムの状況を調査する。	ＩＴコンサルタントなど
環境デューデリジェンス	対象会社の環境への取り組みについて調査する。	環境コンサルタントなど

7 最終合意契約

　買い手側は、デューデリジェンスの結果得た情報を基に、M&Aを実施するかどうかの意思決定をします。また、売り手側に条件を提示します。売り手側がこの条件に合意できれば、M&Aの最終合意ができたということに成ります。

　両者はM&Aについて、最終合意契約を締結します。

8 クロージング

　契約が締結されると、今度はその契約に従って必要な手続きがとられます。資産の引渡しや、対価の支払など、必要な行為が全て終わることをクロージングといいます。

最終的に、M&Aの一連のプロセスには、半年から1年ほどかかります。

2 M&A後の注意点

M&Aがクロージングに至ったとしても、それで終わりではありません。通常のM&A取引では、クロージング後の補償期間というものを定めることになっています。これは、クロージング後に契約の前提条件に違反するような事態が生じた場合への対応ということとなります。

例えば、クロージング後に簿外の負債などが発見され、買い手側が大きな損害を被った場合、補償期間内であれば売り手側に賠償の義務が生じます。

補償期間と賠償額の上限などを契約で定める必要があります。

第3節 株式譲渡と事業譲渡の違い

　本章の第1節では、M&Aの類型についてみました。その中で、株式譲渡も事業譲渡もM&Aの手法のうちの一つである旨を示しました。では、株式譲渡と事業譲渡とはどのように違うのでしょうか。

　株式譲渡と事業譲渡の違いは、簡潔に言うと、株式譲渡は会社そのものを譲渡する方法で、事業譲渡は会社の一事業を譲渡する方法です。株式譲渡は会社全体を譲渡し、事業譲渡は会社の一部を譲渡するとイメージしても差し支えないかと思います。

　簡単なイメージができたところで、両者の相違点について、もう少し詳細にみてみましょう。

　株式譲渡は、買い手側が対象会社の株式を買収することによりM&Aを行うことになります。つまり、M&Aの相手は対象会社の株主ということになります。

　一方、事業譲渡は、買い手側がM&Aの対象とするのは、対象会社の一部門ということになりますので、M&Aの相手は、その対象の一部門を有している会社ということになります。

　株式譲渡と事業譲渡では、M&Aの売り手側が株主であるのか、会社であるのかの違いがあります。これは、M&Aの対価を誰が得るのかという点の違いにもなります。事業譲渡の場合、譲渡の対価を得るのは会社です。一方、株式譲渡の場合、譲渡の対価を得るのは株主となります。この場合の株主は個人ばかりではなく、法人である場合もあります。

　M&Aで会社を手放そうと考えている経営者にとって、株式譲渡と事業

譲渡、どちらの手段でのM&Aを行うかによって、M&A後の資金の流れが
変わってきますので、注意が必要です。

第4節 株式譲渡とは

M&Aの手法として用いられる株式譲渡とはどのような手法なのでしょうか。

1 株式譲渡とは

株式譲渡は、M&Aの手法としては最も一般的であり、日本国内で行われるM&Aの多くがこの手法を使っています。

買い手側が、M&Aの対象企業の株主との間で交渉、契約し、買い手側が売り手側の持つ対象企業の株式を取得します。対象企業の株主としての地位が、売り手側から買い手側に異動することによって、M&Aがなされるのです。

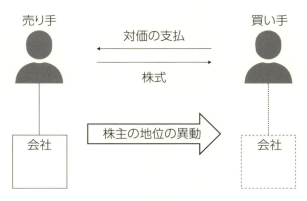

図4-4　株式譲渡

株式譲渡の特徴は、対象企業の株主が変わるだけで、対象企業の中身は全く変わらないという点です。

　なお、株式譲渡の場合の売り手側は、対象となる会社の経営者かつ株主（オーナー経営者）であり、買い手側は法人である場合がほとんどです。つまり、M&A後には、対象企業は買い手側企業の100％子会社となります。買い手が法人であるのか、その株主であるのかは、買い手側のM&A戦略によって変わってきます。

　売り手側の株主が法人という場合もありますが、本書では廃業を検討している企業を前提としていますので、以降において株主が法人である場合の取り扱いについては省略している部分があります。

2 株式譲渡のメリットとデメリット

　株式譲渡のメリットは、手続きが比較的簡便であるという点です。会社の株式を売り手側から買い手側に異動させるだけですので、対象会社の中身は変わりません。会社の権利関係もそのままですので、M&Aに伴い、従業員との間の雇用契約を結びなおしたり、取引先との契約を結びなおしたりする必要はありません。債権者の保護に関する手続きも不要です。また、その会社が持っている許認可なども引き継がれます。

　デメリットとしては、会社をそのままM&Aで取得することになりますので、簿外の債務を引き継ぐ恐れがあります。例えば、残業代の未払いや、取引先との係争などです。これは、買い手側のデメリットのように思われますが、M&Aでは通常、補償期間を定めますので、売り手側が賠償請求される可能性もあります。そのため、デューデリジェンスが重要となってくるのです（78頁参照）。

第4章　M&A─株式譲渡　　85

図4-5　株式譲渡のメリットとデメリット

	メリット	デメリット
売り手側	手続きが簡単。株主が対価を得ることができる。	簿外債務の存在が発覚した場合の賠償義務。
買い手側	手続きが簡単。許認可や契約が引き継げる。	簿外債務を引き継ぐおそれがある。

3 新株引受

　M&Aの対象会社が新株を発行し、それをM&Aの買い手側が引き受けるという方法もあります。

　この場合、M&Aの対価は対象会社の株主には支払われず、対象会社に入金されることとなります。また、この方式では買い手側は100％の議決権を持つことができません。

　売り手側が株主としてあるいは、経営者として引き続き当該会社に残ることができる方法となりますので、事業承継の対案としての活用というよりは、大手に資本参加してもらい、会社をさらに拡大するために使うための手法として位置付けられます。

4 実行の手順

　株式譲渡はM&Aの一手法ですので、M&Aの実行手順を踏襲します。本章第2節で示した手順を経て株式譲渡は行われます。

86

第5節 税法上の論点

株式譲渡によって会社を譲渡する場合の課税関係はどのようになっているのでしょうか。全体像と、注意すべき個別論点を整理してみましょう。

1 株式譲渡に関わる税の全体像

株式譲渡を行った場合に関係してくる税については、2つの視点から考える必要があります。一点目は、株式を譲渡した側（売り手側）に、譲渡に伴って所得税が課税されます。株主が法人の場合は、法人税となります。

もう一点は、譲渡した対象企業に係る法人税です。例えばM&Aに際して、役員が退職する場合の退職金の取り扱いなどです。これは必ず生じる問題ではありませんが、M&Aに際して法人でどのような効果が生じるかは事前に検討しておく必要があります。

図4-6　株式譲渡にかかる税

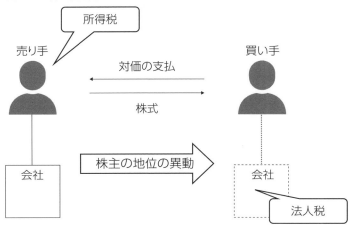

第4章　M&A─株式譲渡

2 株式の譲渡に係る課税

　個人の株主が、その所有していた株式を譲渡した場合には、所得税が課税されます。

1 税　率

　非上場株式を譲渡した場合の所得税は、申告分離課税とされており、譲渡所得等（譲渡益）に対して一律20％（所得税15％、住民税5％）が課税されます。なお、平成25年から平成49年（2037年）までの間は復興税が別途かかりますので、20.315％の税率となっています。

2 譲渡所得の計算

　譲渡所得等（譲渡益）の金額の計算方法は、

　総収入金額（譲渡価額）－必要経費（取得費＋委託手数料等）
　＝一般株式等に係る譲渡所得等の金額

　となっています。

3 取得費

　取得費は、自己が創業者である場合には、資本金と同じ金額となると考えられますが、増資や合併などを行っている場合には、資本金の額と異なっている場合があります。

　譲渡所得等の金額に際しては、実際の取得費と、譲渡収入の5％とのいずれか大きい金額を取得費とすることができます。取得費が不明の場合や、明らかに有利となる場合は、譲渡収入の5％を取得費とします。

　例えば、株式を相続や贈与で先代から受け継いでいる場合の取得費は、

88

前の所有者の取得費を引き継ぐことになります。この場合、取得費が不明であったり、譲渡収入の５％の方が明らかに有利であったりする場合が生じます。

　また、相続で引き継いだ株式を、その相続開始のあった日の翌日から相続税の申告期限の翌日以後３年を経過する日まで（相続発生後３年10か月以内）に譲渡した場合には、その株式に対して課された相続税を取得費に加算することができます。計算式は次の通りです。

〈算式〉

$$
\text{その者の相続税額} \times \frac{\text{その者の相続税の課税価格の計算の基礎とされたその譲渡した財産の価額}}{\text{その者の相続税の課税価格} + \text{その者の相続債務控除額}} = \text{取得費に加算する相続税額}
$$

　相続税の取得費加算といわれますが、この金額は譲渡収入の５％を採用した場合でも、別途に加算することができます。

　相続税の取得費加算を適用するには、確定申告書に相続税の申告書の写し、相続財産の取得費に加算される相続税の計算明細書、株式等に係る譲渡所得等の金額の明細書の添付が必要です。

❹ M&Aの経費

　取得費のほかに譲渡所得の金額の計算上、必要経費に算入できるものに、委託手数料等があります。株式の譲渡のためにかかった手数料ということですが、M&Aの場合は、M&A支援会社や金融機関に支払った手数料や成功報酬もこれに含むことができます。

　着手金は譲渡する企業の負担となる場合が多いようですが、成功報酬については、株主負担とすることもあります。複数の株主が関与している場合は、譲渡株式の割合などで必要経費に算入する額を按分します。

5 譲渡時期の認識

　売り手側が株式を買い手側に譲渡し、譲渡所得が生じた場合は、売り手側は確定申告をしなければなりません。

　確定申告は譲渡のあった年の翌年3月15日までに行いますが、譲渡時期をいつと認識するかが問題となります。

　譲渡所得の認識は引渡日が原則ですが、契約の効力発生日としてもよいとされています（措通37の10-1）。

　例えば、契約日が12月の末で、引渡日が翌年1月の場合は、どちらを譲渡時期と考えるかで、確定申告期限と納税が1年ずれますので、注意が必要です。

6 売り手側の株主が法人である場合

　M&A対象企業の株主が法人である場合もあります。この場合、株式の譲渡所得については、所得税ではなく法人税が課税されます。

3　M&Aでの売買価額と時価の関係

　非上場株式の税務上の時価は、買い手と売り手の関係によって変わります。

　同族株主が相続や贈与で、株式を受け取る場合には、相続税法上の時価で相続税額や贈与税額を計算することになりますが、この場合の評価方法は、原則的評価額（第8章参照）となります。一方、同じ株式であっても、同族ではない少数株主が相続や贈与で株式を受け取る場合には、配当還元方式で相続税額や贈与税額を計算することになります。税法上の時価については、第8章で取り扱います。

　また、株式の譲渡をする場合であっても、時価よりも低い金額での譲渡

があった場合は時価との差額が贈与とされます。

では、M&Aにおける売買価格と、税務上の時価との関係はどのように考えればよいのでしょうか。

M&Aの株式譲渡は、通常、第三者間での取引となります。第三者間で定められた取引価格は合理的に定められた時価と見ることができます。ゆえに、この取引価格が税務上の時価と乖離していたとしても、差額に贈与税が課税されたりすることはありません。

ただし、第三者間で定められた取引価格とはいえ、その算定となった根拠はありますので、根拠資料は保管しておくに越したことはありません。

4 M&Aの前に株式を集約する場合

株式譲渡の売り手側は、M&Aの対象となっている企業の株主です。つまり、対象企業の株主と、買い手側との間でM&Aに関する契約が締結され、買い手側が株主から株式を買い取り、株主に対価を支払います。

対象企業の株主が複数人いる場合も同じです。例えば対象企業がオーナー経営者であったとしても、全ての株式を経営者で保有せず、配偶者や兄弟に分散させている場合があります。役員や従業員、取引先に少数を持たせていることもあり得ます。

M&Aを実行する際、株式が散らばっていることが足かせとなる場合があります。M&Aに反対の株主がいる場合などです。買い手側にとっても、多数の株主と取引をするよりも、1人の売り手側と取引する方が容易です。

そこで、M&Aを実行する場合に、事前にオーナー経営者に株式を集約することが考えられます。この場合に注意すべきことはなんでしょうか。

第4章 M&A—株式譲渡　　91

1 贈与税

　M&Aの前に、オーナー経営者が自社の株式を集める場合、通常は少数株主からの買い取りという方法がとられます。少数株主が親族である場合には、贈与という方法もありますが、少数株主が役員や従業員など親族外の第三者である場合には、買い取りが一般的な方法でしょう。

　では、買い取りをする際の価格はどうなるのでしょうか。第三者との取引ですので、双方が納得する金額であれば、取引は可能です。額面金額でも株主が納得すれば買い取ることができるでしょう。

　ただし、この時の買取価格が時価よりも低い場合には、買い手のオーナー経営者に贈与税が課税されるおそれがあります。

　この場合の時価とは、相続税評価額（原則的評価額）です。

　例えば、相続税評価額が500万円の株式を、オーナー経営者が額面金額の100万円で少数株主から買い取ったとします。この場合、差額の400万円に対して贈与税が課税されます。

2 譲渡所得税

　オーナー経営者に株式を譲渡する少数株主側にも、課税される可能性があります。オーナー経営者に対する譲渡価格が、取得価格よりも大きい場合、差額に譲渡所得税が課税されます。

3 集約の時期

　ところで、上記 1 で、時価は相続税評価額（原則的評価額）であるといいましたが、これはM&Aの前に株式を集約する場合の時価です。もし、M&Aが進展し、売り手側への譲渡価格がおおよそ決まってしまっていると、これが時価となる可能性を検討する必要があります。

　少数株主からすると、M&Aで高く売れる株式を安く買われたとして、

株式を集約したオーナー経営者と争いが生じるかもしれません。また、通常は相続税評価額よりもM&Aの取引価格が高くなりますので、贈与税についても高くなるおそれがあります。

これを回避するためには、M&Aのプロセスに入る前の段階での株式の集約が必要です。具体的には、M&Aアドバイザリー契約よりも前が望ましいとされています。

4 子どもへの事前の贈与

オーナー経営者がM&Aを行う前に、その有する株式を子どもなどへ贈与することも考えられます。オーナー株主がM&Aによる対価を得て、それを贈与や相続で子どもに引き継ぐよりも、M&Aの前に子どもに株式を引き継ぎ、M&Aで株式を譲渡させたほうが、税負担が全体的に軽減できる場合です。

この場合も 3 と同じく、子どもへの株式の贈与が、M&Aの前段階でなされていなければ、M&Aの対価を時価として贈与税が課税されるおそれがあります。

5 対象法人からの退職金

M&Aの条件によっては、経営者はM&Aの後も対象法人に役員などとして残り、役員報酬を得ることもできると記述しましたが、M&Aと同時に退職する場合が多いでしょう。

1 退職金の算定方法

退職金額は、税務判例を参考とした≪最終報酬月額×勤続年数×功績倍率×功労加算率≫で計算されるケースが多いでしょう。功績倍率については、

第4章 M&A―株式譲渡 93

創業社長であれば、3.0倍程度とされています。

② 退職金を支給するメリット

退職金を支給すると、M&Aの対象会社は退職金の分だけ資産が減ることになります。買い手側としては、対象企業の資産が減ることは望ましいことではないでしょう。

しかし、対象企業の資産が減るということは、その分だけ、M&Aの取引金額が下がることを意味しています。ですので、買い手側としては、M&Aで支出する投資を低く抑えるというメリットがあります。

一方、売り手側のオーナーとしては、M&Aの対価を、株式の譲渡対価だけで受け取るか、譲渡対価と退職金に分けて受け取るかによって、税負担が変わってきます。税負担が譲渡所得税よりも低い退職金額を設定し、税引後手取額を多くできれば、売り手側にもメリットがあります。

また、対象企業も、退職金を損金算入することで法人税の負担を下げることができますので、メリットがあります。ただし、過大な役員退職金は損金不算入とする規定があるため、検討は必要です。

③ 買い手側との相談

既に当該企業の売却が決まっていますので、買い手側の同意無しに対象企業の資産を処分することはできません。退職金を出すかどうか、いくら出すかというのは、M&Aの買い手側との交渉によります。退職金を出すことで、企業の売却価額にどの程度の影響が出るかを加味します。

④ 退職金にかかる所得税

退職金の支給を受けた場合にかかる所得税は、他の所得と分離され、次の通り計算します。

(退職金−退職所得控除額*)×1/2

＊退職所得控除額の計算の表

勤続年数（＝ A）	退職所得控除額
20 年以下	40 万× A （80 万円に満たない場合には、80 万円）
20 年超	800 万円＋ 70 万円×（A − 20 年）

　勤続年数が5年以下の役員への退職金の支給の場合には、上記算式の「×1／2」ができませんので、注意が必要です。

5 源泉徴収

　退職金を支給した企業は、退職金に係る所得税を源泉徴収して、原則翌月10日までに納付する必要があります。退職所得の支給に関する申告書を提出していない場合には、支給額の20.42％の税率で源泉徴収され、受給者は確定申告により精算することになります。

6　対象法人に対する貸付金と借入金

　中小企業の経営者は、経営する企業に対して貸付けをしている場合があります。法人から見ると借入金ということになります。

　M&Aを行う際、この債務はどのように処理されるのでしょうか。基本的には、借入金を返済します。また、債権放棄をしてもらうという方法もあります。

1 対象会社への貸付金

　一般的な方法としては、貸付金の返済をしてもらうことになります。この場合には課税関係は生じません。

第4章　M&A─株式譲渡　　95

別の方法として、貸主である経営者が、対象企業に対して債権放棄を行うというものがあります。この場合、対象企業には債務免除益という益金が発生します。つまり、その分法人税が課税されます。

また、もし対象法人の株主に経営者以外の株主がいる場合は、経営者から株主への贈与があったものとみなされ、贈与税が課税されるおそれがあります。これは、債権放棄により、対象企業の株価が上昇する場合です。

2 対象会社からの借入金

対象会社から経営者が金銭を借り入れている場合も考えられます。対象企業が経営者に対して債権を放棄することもできます。しかし、経営者に対する債権を放棄すると、これは役員賞与となってしまい、対象企業では損金に算入されず、経営者は所得税が課税されてしまいます。

これではあまりメリットがありませんので、通常はM&Aによる譲渡対価の中から、経営者は借入金を返済することとするのが一般的です。また、退職金との相殺なども一つの手段となります。

7 非事業用資産の処理

M&Aの際に、対象企業が保有している非事業用資産を切り離す処理をする場合があります。非事業用資産とは、事業の用に供していない資産で、例えば遊休不動産やゴルフ会員権、生命保険契約などです。

本業とは関係のない不動産を保有し、賃料収入などを得ていた場合、その貸付不動産は売却せずに手許においておきたいと考える経営者は多いでしょう。一方、そういった不動産を含めてM&Aで対象企業を取得したいと考えている買い手側もいますので、どの非事業用資産をどのように切り離すかということも、売り手側と買い手側の交渉によります。

1 売　買

　最も簡単な方法は売買でしょう。オーナー経営者と、対象企業の間で、金銭により売買する方法になります。経営者は対価としてまとまった金銭を準備する必要があります。

　また、対象企業は、譲渡益が生じた場合には法人税が課税されます。

2 現物支給

　売買に代わる方法としては、退職金の現物支給が考えられます。上記 **5** で退職金についてふれましたが、退職金を金銭ではなく不動産などの現物で受け取るという方法です。

　経営者側は対象資産を買い取るための対価を準備しなくてもよいというメリットがありますが、退職金を全て現物支給とした場合、企業側で納める源泉徴収で問題が生じます。

　現物支給の場合であっても、上記 **5** **5** の源泉徴収が必要です。一般的には、受給者本人から源泉徴収税額相当額を受け取るか、追加で源泉徴収分を現金で支給するかの方法がとられます。

3 時　価

　売買であれ、現物支給であれ、その時価をいくらに定めるかが問題となります。時価よりも低廉な価格での譲渡があった場合は、差額は経営者への役員賞与とされるためです。

　時価の判定は不動産の場合は鑑定評価や、路線価などから逆算して概算を出す方法がよく用いられます。保険積立金については、その時点での解約返戻金相当額、その他の動産は中古での取引額や簿価などが用いられます。

第4章　M&A―株式譲渡　　97

❹ 会社分割

　不動産を譲渡すると、それに伴い買い手側に不動産取得税や登録免許税がかかります。そこで考えられるのが、会社分割です。一定の分割の場合、不動産取得税などが免除になることがあります。

8　個人が所有する事業用資産の処理

　経営者個人が事業用の資産を保有している場合があります。この場合、M&Aで譲渡した企業の営む事業に係る資産についても、M&Aに含めるようにするには、経営者個人がその資産を対象企業に譲渡するのがよいでしょう。

　個人が法人に対し事業用資産を譲渡した場合には、譲渡所得税が課税されます。譲渡した資産が機械装置などの動産である場合と、土地や建物などの不動産である場合とでは所得税の計算が異なっています。

　また、所得税の他に、復興特別所得税や個人住民税も課税されます。

❶ 動　産

　所有期間が5年以下の資産を譲渡することにより生ずる所得を短期譲渡所得といい、5年を超える資産を譲渡することにより生ずる所得を長期譲渡所得といいます。譲渡所得の金額は次の通りに計算します。

　短期譲渡所得の総収入金額－（取得費＋譲渡費用）
　＋長期譲渡所得の総収入金額－（取得費＋譲渡費用）＝譲渡益
　譲渡益－特別控除額（最高50万円）＝譲渡所得の金額

　この譲渡所得の金額は、他の所得と合算して総所得金額を求め、所得控除後の残額に税率を乗じて所得税を計算します。

また、事業所得の起因となる動産の譲渡で、消費税の課税事業者であれば消費税等の課税があります。

2 不動産

土地や建物などの不動産を譲渡した場合の所得税は、動産を譲渡した場合の譲渡所得とは異なり、分離課税制度により他の所得と分けて所得税が計算されます。

譲渡した年の1月1日現在で所有期間が5年を超える土地建物を譲渡した場合には長期譲渡所得となり、税率は15％となります。譲渡した年の1月1日現在で所有期間が5年以下の土地建物を譲渡した場合には短期譲渡所得となり、税率は30％となります。この他に復興特別所得税が課税されます。

9 買い手側の注意点

買い手側のM&Aにかかる処理ですが、対象企業の取得に要した費用が当該対象企業の株式として資産に計上されることになります。

対象企業の取得の意思決定をした時点以降の全ての費用が対象企業の株式の取得価額を構成します。具体的には、M&A支援会社への中間報酬、成功報酬、デューデリジェンスの費用などです。対象会社の株式取得のための対価にこれらを含めた金額が、買い手側の貸借対照表の資産の部に、「関係会社株式」として計上されます。

1 支払調書の提出

個人に対し株式の取得対価を支払った法人は、その年の翌年1月31日までに、所轄の税務署長に対して、「株式等の譲渡の対価等の支払調書」と

第4章　M&A─株式譲渡　　99

「株式等の譲渡の対価等の支払調書合計表」を提出しなければなりません。

❷ 配当金

買い手側の企業が、対象企業から、その買収に要した資金を回収する方法の一つに配当があります。

100％子会社（完全子法人株式等）からの配当を受け取った企業は、その配当の全額を益金不算入とすることができます。ただし、配当計算期間の要件を満たす必要がありますので、注意が必要です。

また、源泉徴収税額についても、法人税額から控除できるのは、株式保有期間に応じた額となってしまいます。ゆえに、配当はM&Aから1年以上経過した後に行うのがよいとされています。

❸ 繰越欠損金

M&Aで取得した会社に繰越欠損金があり、これを買い手側の企業で活用したい場合は、適格合併と対象企業の清算という2つの方法があります。

適格合併で対象企業の繰越欠損金を引き継ぐためには、M&Aを実施した日より5年間、50％超の支配関係が継続した後での適格合併である必要があります。5年以内の合併の場合には、一定の要件（みなし共同事業要件）を満たせば繰越欠損金の全額を引き継げますが、満たさない場合は一定の額の欠損金は切り捨てられます。

清算の場合も、支配関係が5年間継続した後に清算した場合には、繰越欠損金の全額を引き継げますが、5年以内の清算であれば、一定の場合を除いて欠損金は切り捨てられます。

第6節 その他の論点

　M&Aに関して前の第5節では特に税務上の論点を中心に見てきましたが、税務以外の論点を整理してみましょう。

1 議決権

　株式譲渡の手法は、対象会社の株式が売り手である経営者から買い手側の企業に異動することで実行されます。買い手側は対象会社の100％親会社となるのが理想的ですが、100％親子関係とならない場合もあります。例えば、新株発行の手法でM&Aを行った場合です。

　本書はM&Aの専門書ではないため、新株発行について詳細には取り扱いませんが、対象会社が新株を発行し、それを買い手側が引き受けることでM&Aを実行するというものです。

　この手法によった場合、売り手側は当該対象企業の株主として残ります。経営者として留任するかどうかは問いません。逆に、買い手側にとっては100％子会社にすることができないというデメリットがあります。事業承継の対策としてのM&Aというよりも、対象企業の支援的な側面が強くなります。

　ここで注意しなければならないのは、少数株主の議決権です。少数株主の権利については第8章で述べます。100％支配関係となるM&Aが理想的ですので、特別な事情がない限りは、新株発行によるM&Aは行われないでしょう。

第4章　M&A—株式譲渡　　101

2 労務関係

　株式譲渡によるM&Aは株主が交代するだけですので、会社内部については大きな変動は起こらないでしょう。株主の交代に伴い、役員も入れ替わることになりますが、従業員は通常はそのまま勤務を継続します。

　ですので、社会保険や雇用契約が変更になることはありませんが、対象会社が他社の100％子会社となるという点で影響があるかもしれません。

　例えば、就業規定や給与規定、労働時間などが親会社のものと合わせられることになるかもしれません。これは買い手側の意思決定によりますが、急激な労働環境の変化は、対象企業の従業員に影響を与え、退職者がでるおそれがあることを把握しておく必要があります。

　売り手側の経営者としても、従業員の雇用の確保という点で、買い手側との交渉の際に、労務関係の条件を提示しておく必要があります。

3 対象企業の契約

　株式譲渡によるM&Aは、株主が交代するだけですので、対象企業が締結している取引先等との契約についても継続することになります。わざわざ契約を締結しなおさなくてもよいという点で、他のM&Aの手法と比べて煩雑ではないというメリットがあります。

　ただし、1点注意が必要なものに、チェンジオブコントロール（COC）条項というものがあります。これは、資本拘束条項とも言われ、M&Aなどで経営権が他者に異動した場合には契約内容に制限が加えられ、場合によっては契約を解除するというものです。買い手側によほどの問題が無い限り、チェンジオブコントロール条項により契約が解除されることはありませんが、デューデリジェンスの際には注意が必要な事項になります。

102

第**5**章

M&A—事業譲渡

第1節 事業譲渡とは

M&Aの手法の一つである事業譲渡とはどのような手法なのでしょうか。

1 事業譲渡とは

事業譲渡は、M&Aの手法の一つで、会社そのものを譲渡するのではなく、会社を構成する事業を譲渡する方法となります。対象となる事業を構成する資産や負債に加え、取引先やノウハウ、技術などを含め、事業を一つの有機体としてとらえることに特徴があります。

この有機体としての事業という視点で考えますと、単なる事業用財産の異動（財産の譲渡）ではなく、「のれん」と言われる収益力のようなものも含んだ事業の異動となります。

図5-1 事業譲渡

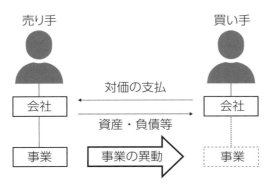

事業譲渡の特徴は、売り手側も買い手側も会社になるという点です。**図5-1**では会社の上に経営者兼株主（オーナー経営者）を図示し、これを売り手、買い手としていますが、意思決定をする存在として示しているだけであり、実際の契約は会社間で行われ、対価の支払も会社間で行われます。

また、売り手側の企業から対象事業にかかる資産負債を切り出し、買い手側の企業に異動させるため、両者の貸借対照表を大きく変容させるという点が特徴となっています。

2　事業譲渡のメリットとデメリット

事業譲渡のメリットは、株式譲渡とは違い、会社の一部を譲渡することができるという点です。つまり、売り手側が譲渡する部分を切り出して譲渡します。言い換えれば、残しておきたい資産などは会社に残しておくことができるということです。

買い手側も、必要な資産と負債のみを選んで取得することができます。これは、簿外の債務を引き継ぐおそれがないという大きなメリットになります。簿外債務とは、例えば残業代の未払いなど、帳簿にのっていない債務のことを言います。株式譲渡の場合、会社ごと取得することになりますので、簿外債務の引継ぎは避けられません。しかし、事業譲渡の場合は、引き継がれる資産と負債が選択でき、これらを一つ一つ契約書に記載しますので、契約書に載らない簿外債務は引き継がずに済みます。

図5-2　事業譲渡のメリットとデメリット

	メリット	デメリット
売り手側	・切り出す資産と負債を選択することができる。	・手続きが煩雑。 ・株主総会等の決議が必要。 ・株主ではなく会社が対価を得る。
買い手側	・必要な資産、負債のみを引き継ぐことができる。 ・簿外債務を引き継ぐ可能性がない。	・手続きが煩雑。 ・株主総会等の決議が必要。 ・契約の更新が必要。 ・許認可の変更が必要。

　事業譲渡は、売り手側よりも買い手側にメリットの多い手法となっています。このため、事業譲渡の手法によってM&Aが実行されることは、先に紹介した株式譲渡の手法によるよりも限定的になっています。しかし、比較的規模の小さなM&Aの場合、デメリットよりもメリットが多くなりますので、実行されることの多い手法です。

3　会社分割

　会社分割は、株式譲渡と事業譲渡の中間に位置するような手法です。事業譲渡のメリットは切り出したい資産と負債を選択することができることですが、これを会社分割の手法で2つの会社に分け、一方の会社を株式譲渡の方法で譲渡するというものです。株式譲渡と事業譲渡の両方のメリットを得ることができますが、一方では新会社を設立するなど、時間と手間がかかる点が難点です。

4 実行の手順

　事業譲渡もM&Aの一手法ですので、M&Aの実行手順を踏襲します。第4章第2節で示した手順を経て事業譲渡は行われます。

　ただし、株式譲渡の場合と異なり、事業譲渡契約を締結した後、次の手続きを経る必要があります。

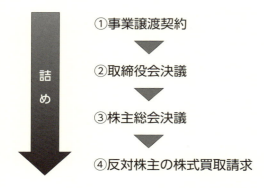

　上記は第4章第2節 **❶ M&Aの流れ** のタイムスケジュールにおける⑦最終合意契約にかかる一連の手続きとなります。

❶ 事業譲渡契約

　事業譲渡契約で重要なのは、譲渡財産をどこまで詳細に契約書に記載するかという点です。あいまいに、「何某に関する事業」と記載すると、トラブルの原因となるため、譲渡する資産、負債などを明確に記載するのが一般的です。

❷ 取締役会決議

　事業譲渡は重要な財産の処分であるので、取締役会設置会社においては、取締役会での決議が必要となります（会社法第362条4項1号）。

3 株主総会決議

　事業譲渡により事業の全部や一部を譲渡する場合には、株主総会での特別決議が必要となります（会社法第467条1項1号、2号）。

　特別決議には、議決権の過半数を有する株主が出席し、出席した株主の議決件数の3分の2以上の賛成が必要となります。

4 反対株主の株式買取請求

　事業譲渡に反対の株主には、株主総会決議の後、株式買取請求権の行使が認められています（会社法第469条）。

第2節　税法上の論点

　事業譲渡によって会社の一事業を譲渡する場合の課税関係はどのように
なっているのでしょうか。全体像と、注意すべき個別論点を整理してみま
しょう。

1　事業譲渡に関わる税の全体像

　事業譲渡を行った場合に関係する税については、売り手側の企業につい
て中心に考える必要があります。

　売り手側は、事業譲渡に際して譲渡益が生じた場合、法人税を課税され
ることとなります。なお、買い手側の企業については、事業を取得しただ
けですので、法人税が課税されることはありません。

　参考として、事業譲渡をした場合の会社の仕訳を下記に示し、具体的に
説明いたします。

事業譲渡の仕訳例

売り手側	負債	30	資産	100
	現金預金	130	譲渡損益	60
買い手側	資産	120	負債	30
	のれん	40	現金預金	130

単位：百万円

　例えば、事業譲渡で資産１億円、負債3,000万円の事業を売却し、対価と
して１億3,000万円を得る場合、売り手側は6,000万円の譲渡益を得ることに

110

なります。この6,000万円の譲渡益に対して法人税が課税されることとなります。

この場合の資産と負債は帳簿価格ですが、買い手側は、これらの資産を時価で取得することとなります。例えば土地を例に考えると分かりやすいでしょう。売り手側は、その土地を取得したときの価格で帳簿に記載しています。しかし、譲渡する際は、その時の時価で売却しますので、時価が上がっていれば譲渡益が生じます。

買い手側は、この土地を買ったときの時価で帳簿に記載します。通常の土地の譲渡であれば、これで全てですが、事業譲渡の場合には、資産と負債以外の簿外の資産もM&Aの対象となります。その事業に係るブランドやノウハウ、人材、顧客などの収益の源泉となるものです。これは「のれん」と呼ばれるもので、M&Aにより生じるシナジー効果や、超過収益力等の企業買収に伴うプレミアムと解されています。

会計上、買い手側では、事業譲渡により取得した資産と負債の時価と、支払った対価との差額を「のれん」として計上することとなります。この「のれん」の取り扱いも論点となります。

この他、事業譲渡により売り手側の会社が手にした売却の対価を、オーナー経営者に還元する方法によっては税の問題が関わってきます。

2 譲渡益に対する課税

事業譲渡による譲渡益については法人税が課税されます。譲渡益は、事業譲渡の対価から、譲渡した資産と負債の差額を控除した金額となります。

譲渡益に対する課税は法人税の問題ですが、消費税についても考える必要があります。これらの資産の譲渡は課税売上となるため、消費税が課税されます。ただし、土地等の譲渡は非課税売上となりますので、一括して

譲渡した場合の個々の譲渡対価の額を明らかにする必要があります。

　もし、明らかでない場合には、時価の比による按分などの方法で合理的に区分する必要があります。

3 不動産取得に伴う圧縮記帳

　売り手側が長期にわたり保有していた事務所、店舗、工場等の事業用の不動産を事業譲渡で売却した場合、多額の譲渡益が生じる可能性があります。この場合、譲渡益に対する法人税の課税が高額となります。ここで考えられるのが不動産の買い替えによる圧縮記帳です。

　事業譲渡の場合、会社は残りますので、事業転換などをして、その会社で不動産賃貸業などの事業を継続して行うことになります。そのために必要な賃貸用物件を、事業譲渡の対価をもって取得した場合、不動産の買い替えによる圧縮記帳を活用できる可能性があります。圧縮記帳については第6章第4節で取り扱います。

4 「のれん」の税務

　「のれん」の取り扱いは、会計上と税務上で異なっています。会計処理については日本の会計基準と国際会計基準（IFRS）でも異なっていますが、日本の会計基準では資産に計上し、20年以内のその効果の及ぶ期間にわたって、定額法その他の合理的な方法により規則的に償却することとされています。

　税務上では「のれん」は、資産調整勘定といわれます。両者は厳密には同じではなく、類似の概念と解されます。こちらは5年間の定額法により消却されます。「のれん」がマイナスの場合には、会計上は「負ののれん」

と呼ばれますが、税務上は差額負債調整勘定となります。

会計上と税務上で、償却期間が異なる場合には、税務調整が必要となります。

5 取得した資産の価額と耐用年数

事業譲渡により買い手側が取得した資産については、次の価額により帳簿に記載します。

❶ 債　権

売掛金、受取手形、貸付金などの債権はその債権金額を取得価額とします。

❷ 棚卸資産

棚卸資産については、購入対価に、運賃や手数料など、その資産の取得に要した費用を加算して取得価額とします。

❸ 減価償却資産

減価償却資産については、購入対価に、運賃や手数料など、その資産の取得に要した費用を加算して取得価額とします。

また、事業譲渡により取得した減価償却資産は中古資産になりますので、使用可能期間を見積もるか、次の算式による簡便法により耐用年数を計算して減価償却します。

中古資産の耐用年数

＝ 法定耐用年数 － 経過年数 ＋ （経過年数 × ２０％）

第５章　M&A─事業譲渡　　113

4 有価証券

　有価証券については、購入対価に、手数料などのその資産の取得に要した費用を加算して取得価額とします。

6 高額譲渡と低額譲渡

　資産の譲渡につき、譲渡価額が時価よりも高額である場合もしくは低額である場合には、次のような課税関係が生じることになります。

1 高額譲渡の場合

　譲渡対価が時価よりも著しく高額の場合、その部分は、譲渡企業（売り手側）への寄附と考えられる場合があります。この場合、取得企業では、寄附金とされた部分については、損金不算入の対象となる可能性があるほか、当該資産の取得価額も寄付金とされた部分を控除した金額とされます。

2 低額譲渡の場合

　譲渡対価が時価よりも著しく低額の場合、その部分は、譲渡企業（売り手側）からの寄附と考えられる場合があります。この場合、取得企業では、時価との差額を受贈益として益金に算入し、かつ当該資産の取得価額に加算することとなります。

　売り手側では寄附金となりますので、損金算入には限度額があります。

7 経営者への還元

　事業譲渡の場合、その譲渡対価は法人に入ることとなります。この点が株式譲渡と大きく違う点であることは既に述べました。

しかし、廃業の対案としてのM&Aを考えた場合、経営者の引退と引退
後の資金確保が大きなテーマとなります。つまり、会社に入ったM&Aの
対価を経営者自身に還元する方法が重要な検討課題となります。

　また、法人から個人への資金異動があった場合には、課税の問題がつき
まといますので、この点を見てみましょう。

1 事業の継続と役員報酬

　事業譲渡を行った後、残った事業を継続するのであれば、その事業を源
泉として会社から役員報酬を得ることができます。ただし、M&Aの対価
という大金を一時に役員報酬あるいは賞与として経営者に還元する方法は
適当とはいえません。税負担の問題があるからです。

　また、役員報酬の改訂には定期同額給与の問題があり、役員賞与の場合
は事前確定届出が必要です。いずれも、損金に算入されなくなる可能性が
ありますので、注意が必要です。

2 退職金

　退職金は所得税においても優遇されていますので、M&Aの対価を原資
として退職金を支給して経営者に還元するというのは一つの手段です。

　退職金については、第4章第5節 5 で扱いましたので、参照ください。

　ただし、株式譲渡とは異なり、事業譲渡の場合は会社が残るため、経営
者が退職することができないおそれがあります。後継者がいない場合など
です。

3 配　当

　配当をすることでもM&Aの対価を還元することができます。ただし、
配当は法人では損金にならない点がデメリットです。また、配当金は株主

に支払われますので、会社の株主構成によっては、経営者に必ずしも十分な還元がなされるとは言い切れません。

　配当を受けた株主は、配当所得として他の所得と合算されて所得税の計算がなされます。上場株式等の配当については、申告分離課税の選択が可能ですが、非上場株式等の配当については、総合課税となります。ただし、非上場株式等の配当で、1回に支払を受けるべき配当等の金額が、次の算式で計算した金額以下である場合は、確定申告を要しない確定申告不要制度をとることができます。

　10万円 × 配当計算期間の月数 ÷ 12

　配当についてもう一つ注意しておかなければならない点は、配当を支払う法人に源泉徴収義務が生じることです。非上場株式の場合には、配当金額に対して一律20.42％（地方税なし）の税率により、所得税と復興特別所得税を源泉徴収しなければなりません。

4 借入金の返済

　会社に経営者からの借入金がある場合、事業譲渡の対価をもって、この借入金を返済するというのも一つの手段となります。

　借入の返済であれば、それに伴う資金異動について税金が課されることはありません。

5 清　算

　会社を清算して残余財産の分配を受けるという方法もあります。しかし、みなし配当の問題と、所得税の課税があります。また、会社を清算するのであれば、事業譲渡でなく株式譲渡の方法を選択した方がよいようにも思えます。

第3節　法務上の論点

　事業譲渡の場合は、株式譲渡と異なり、法務上の取り扱いでの論点があります。特に会社法による要請という部分が大きいです。

1　会社法（株主総会決議）

　事業譲渡を行う場合の手続きで、最も重要なことは、株主総会における特別決議を経ることが必要であるという点です。

　これは会社法による要請ですが、会社法第467条１項に次のように定められています。

会社法

第467条　株式会社は、次に掲げる行為をする場合には、当該行為がその効力を生ずる日（以下この章において「効力発生日」という。）の前日までに、株主総会の決議によって、当該行為に係る契約の承認を受けなければならない。

一　事業の全部の譲渡

二　事業の重要な一部の譲渡（当該譲渡により譲り渡す資産の帳簿価額が当該株式会社の総資産額として法務省令で定める方法により算定される額の五分の一（これを下回る割合を定款で定めた場合にあっては、その割合）を超えないものを除く。）

二の二　その子会社の株式又は持分の全部又は一部の譲渡（次のいずれにも該当する場合における譲渡に限る。）

　イ　当該譲渡により譲り渡す株式又は持分の帳簿価額が当該株式会社の総資産額として法務省令で定める方法により算定される額の五分の一（これを

第5章　M&A―事業譲渡　　117

下回る割合を定款で定めた場合にあっては、その割合）を超えるとき。
　ロ　当該株式会社が、効力発生日において当該子会社の議決権の総数の過半
　　数の議決権を有しないとき。
三　他の会社（外国会社その他の法人を含む。次条において同じ。）の事業の全
　部の譲受け
〈以下省略〉

　事業譲渡契約については、その効力発生日の前日までに、株主総会の特
別決議を要するということになっています。

　事業の全部を譲渡する場合には、譲渡側も譲受側もともに株主総会にお
ける特別決議が必要です。一方、事業の重要な一部の譲渡を行う場合につ
いては、譲渡側での特別決議のみで、譲受側は決議を要していません。な
お、何が事業の重要な一部であるかはケースバイケースであるとされてい
ます。

　また、譲渡資産の簿価がその会社の純資産の20％を超えないときは、重
要な一部の譲渡ではないと考えられ、特別決議は要しません。これを簡易
事業譲渡といいます。

2　会社法（反対株主の株式買取請求）

　事業譲渡等をする場合には、反対株主はその会社に対して、自己所有の
株式を買い取る請求をすることができます（会社法第469条）。

　反対株主の株式買取請求権は、その事業譲渡行為が不当であったり、違
法であったりする必要はなく、その行為自体に反対する株主に生じます。

　株式買取請求権を行使する株主は、効力発生日の20日前から効力発生日
の前日までの間に、株式買取請求に係る株式数を明らかにして、会社に対
して請求をする必要があります。つまり、事業譲渡が実行される前日まで

に請求しなければならないとされています。

買取請求がなされた会社は、当該株式を公正な価格で買い取る義務があります。この場合の公正な価格はDCF法のような方法で算定されます。

また、株式の買取の効力は、その株式の代金支払の時に生じることになっています。

3 商法（競業避止義務）

事業譲渡により事業を譲渡した会社は、事業譲渡の日から20年間、同一の地域内で、譲渡した事業と同一の事業を行うことが禁止されます。これを競業避止義務といいます（商法第16条）。

競業避止義務が設けられている理由は、売り手企業が譲渡した事業と同じ事業を再度営業すると、買い手企業が事業を取得した意味が消失してしまうからです。

ここでいう同一地域内とは、同一市町村（東京都の特別区や政令指定都市の各区の場合は、同一の区）とその隣接市町村のことをいいます。

また、相手方との合意があれば、競業避止義務を負う期間を20年よりも短くしたり、あるいはなくすこともできます。ただし、30年を超えた競業避止義務を負わせることはできません。

4 商号の譲渡

株式譲渡の場合は、会社ごと譲渡されますので、その会社の商号も買い手側のものになります。一方、事業譲渡の場合は、会社自体は売り手側に残ります。つまり、商号も売り手側に残ります。しかし、商号にはブランドや信用力のようなものが付随しています。

第5章　M&A─事業譲渡　　119

事業譲渡の場合、買い手側が商号も引き継ぎたいという場合も考えられます。

　事業譲渡に際し、商号も譲渡し、商号を譲り受けた会社が、その商号を引き続き使用する場合には、譲受会社も譲渡会社の事業によって生じた債務を弁済する責任を負う必要があります（会社法第22条）。

　これを回避するには、譲受会社が譲渡会社の債務の弁済責任を負わない旨の登記をするか、あるいは通知、公告をする必要があります。

5　契約の更新

　事業譲渡により事業を譲り受けた会社は、その事業を継続するためには、譲渡会社がその事業に関して締結していた各種の契約を再度締結し直す必要があります。

　具体的には、不動産の賃貸借契約や、リース契約、従業員との雇用契約などです。

　従業員については、社会保険手続きも必要となります。

　通常は事業譲渡日に全ての契約を更新することは困難ですので、順次行う必要があります。

6　許可申請等

　事業譲渡の場合には、行政上の各種許認可を引き継ぐことはできませんので、許可申請を行う必要があります。

第**6**章

事業転換

第1節 事業転換とは

　事業転換とは、会社が営んでいるある事業を縮小、廃止して、その代わりに新しい事業を始めることです。例えば富士フイルムは、写真産業から医薬化粧品事業へ転換をして成功を収めています。

　ここでは廃業のアンチテーゼとして、会社を残すということを第一に考えた場合の事業転換について述べたいと思います。

1 事業転換とは

　事業転換とは、企業が現在営んでいる事業を廃止もしくは縮小して、代替する他の事業を開始することをいいます。企業が営んでいる事業について、経済情勢の変化により、将来の安定した収益が見込めない場合に、将来有望な新規分野での事業展開を目指して行うというのが、事業転換の本来の目的です。

2 ここでの事業転換

　この章では、廃業の回避策としての事業転換をテーマとしていますので、その営む事業に将来性がなく、これに代わる新規事業への転換ということは考えていません。

　経営者が高齢化し、自ら経営を行うことが困難になった場合を仮定すると、まずは後継者への承継を考えます。後継者がいない場合、会社を存続

第6章　事業転換　　123

していくことが難しく、廃業を検討するのですが、この廃業を回避するために事業転換を行います。

　この場合の事業転換は、不動産賃貸業への転換を想定しています。なぜ、不動産賃貸業かというと、不動産賃貸収入は基本的に不労所得に類するからです。

　経営者が高齢化して経営者として事業会社を運営できなくとも、不動産賃貸業であれば継続することが可能かもしれません。また、経営者の子どもなどが事業会社を継げない、あるいは継ぎたくない場合であっても、不動産賃貸業であれば継がせることが可能となるかもしれません。

　イメージとしては、事業会社から、経営者一族の資産管理会社への転換というのが当てはまるかもしれません。ただし、今まで営んできた事業そのものは廃止することとなるため、事業の継続とは言い切れない点があります。

　あくまでも事業の継続よりも会社の継続というものに重点を置いた対策手法になります。特に不動産価値の高い都心部などで不動産賃貸業への事業転換をした会社の例が多く存在しています。

3 事業転換のメリットとデメリット

　事業転換のメリットは、廃業をしないため、収入を得続けることができる点です。一方、法人組織は残るため、その維持のための法人税の申告や各種手続きを継続する必要があります。

　法人組織が残るとはいっても、今まで営んでいた事業を廃止することになれば、廃業と同じく人員の整理や取引先との関係の清算などが必要となります。

　また、廃業をした場合、会社の債権債務の整理が必要となりますが、法

124

人組織を維持することで、その手間を省くことができます。

例えば、経営者個人の会社への貸付金などがあった場合、廃業に際して、これを返済しなければなりませんが、会社にその原資が無い場合には返済できません。そこで債務免除ということが考えられますが、法人では債務免除益が生じて、法人税が課税されてしまいます。場合によっては納税資金が無いということも考えられます。

会社に不動産などの資産がある場合、これらの資産を廃業に際して、経営者個人に移すことになりますが、そのための登記手続きが必要ですし、異動に伴う不動産取得税や登録免許税などの納税も問題になります。

事業転換をすることにより、法人組織を維持することで、これらの問題を先送りすることができます。

図6-1　事業転換のメリットとデメリット

メリット	デメリット
・会社を存続させることができる。 ・収入源を確保できる。 ・会社保有財産の維持。 ・会社財産の異動に伴う課税の回避が可能。 ・資産管理会社への転換により子どもへの事業承継が可能となる。	・会社が存続するので、申告等が必要。 ・事業転換に伴う人員整理等が必要。 ・事業転換に伴う取引先との契約終了。 ・事業の廃止という点では廃業と同じ。

4　事業転換の論点

会社の事業内容に将来性がなく、子どもにはとても継がせられないと考えたり、自分の代で廃業せざるを得ない場合であっても、事業転換により将来性のある新規事業を起こせば、会社を存続させることが可能かもしれません。

第6章　事業転換　　125

しかし、中小企業では、いままでの事業形態を大幅に変えるような事業転換は難しいでしょうし、それができる規模の中小企業であれば、廃業を考えていることはまれでしょう。

　2ここでの**事業転換**でも述べましたが、廃業の対案としての事業転換は、不動産賃貸業、経営者一族の資産管理会社への転換を想定しているということを前提として、事業転換の論点を整理します。

　事業転換の最大の論点は、「会社は残るが事業は残らない」という点です。通常は事業転換をするということが即、今までの事業を廃止するということにはなりません。しかし、事業の継続が困難で廃業を考えているということが前提となっていますので、ここでは事業転換をすることは、今までの事業を廃止するということになると考えます。

　事業転換は、本来の事業が残らないという点では廃業と変わりないと考えることもできます。事業を残すのか、会社を残すのかという選択になりますが、事業を残したい場合は、M&Aなどを優先的に検討することになります。

　事業を廃止したからといって、会社まで清算してしまう必要はなく、会社を存続させることにメリットがあるのであれば、会社組織は残しておくべきです。不動産賃貸業という手間のかからない事業を継続しつつ、一族の財産を保持していくことは重要です。

5　資産管理会社

　資産管理会社とは、その保有する資産を管理し、その資産からの収入により会社を維持運営する会社です。個人事業で行うより節税のメリットがあったり、相続対策とすることができたりする場合があります。事業転換後の会社は、この資産管理会社になります。

事業転換後の資産管理会社の業務としては、不動産賃貸業が第一候補ですが、この他にも、有価証券等への投資会社なども考えられます。上場会社の有価証券を保有し、その配当を主たる収入とするような会社です。

どのような資産管理会社に事業転換するかは、管理運用の手間や、経営者の得手不得手、資産構成、資金状況などにより変わってきます。

6 事業転換の流れ

事業転換は、M&Aの事業譲渡との組み合わせでも考えることができます。本来の事業を譲渡し、残った賃貸用資産や、M&Aの対価をもって不動産を取得し、不動産賃貸業として会社を存続させるという考え方です。

また、不動産賃貸業等に転換したが、法人で営むよりも、個人事業として営んだ方が税制的に有利である場合などは、第7章で取り扱う「個人成り」を選択したりします。

事業転換への流れとその後の展開については、次の通りです。

図6-2　事業転換の流れ

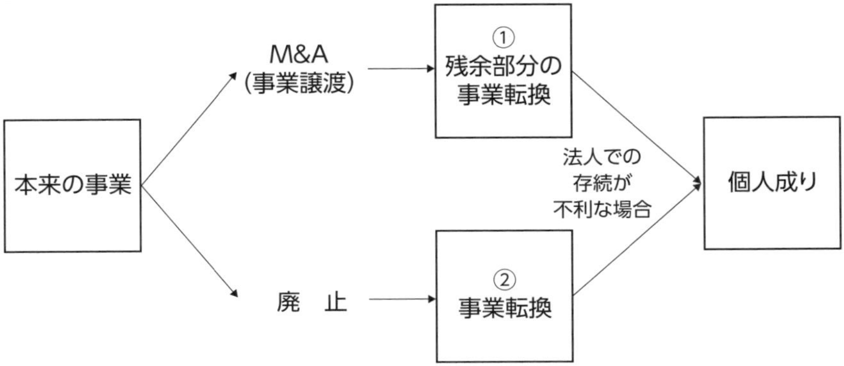

第6章　事業転換　127

1 M&A（事業譲渡）の後の事業転換

　事業譲渡の後の事業転換には２つのパターンがあります。１つは、事業譲渡で譲渡しなかった資産を事業転換後の収益の柱にする方法です。

　会社には本業とは関係のない資産がある場合があります。収益用不動産です。投資目的で購入したり、あるいは事業目的で取得していたが結局は事業の用に供することができなかった資産などが収益不動産として、本業とは別に収益を生んでいる場合です。

　この場合は、本業とは切り離して、事業譲渡の対象とならないことがあります。

　あるいは、事業用の資産、例えば店舗、事務所、工場用地であっても、その土地が経営者の先祖伝来の資産である場合、事業譲渡から切り離す場合があります。

　これらの資産を、賃貸用として不動産賃貸業に事業転換することとなります。事業譲渡の契約条件によっては、M&Aの相手方を店子として、事務所や工場を貸し付けることもあるでしょう。

　もう一つは、事業譲渡の対価を用いて、賃貸用の資産を取得する場合です。第５章でも述べましたが、事業譲渡の場合、その対価は経営者個人ではなく会社に入ります。これを経営者個人に還元する方法が問題ですが、法人で不動産を取得し、そこから得られる収入を役員報酬などにより経営者個人に還元する方法が考えられます。

2 本業を廃止しての事業転換

　この場合は、資金が潤沢にあるとは言い切れませんので、新規に資産を取得するのではなく、本業で使っていた店舗や事務所、工場を賃貸用にすることになります。

　必要に応じて、資産を買い換えたり、新たな借入れをして物件を改築、

購入したりする場合もあります。

❸ 個人成り

　個人成りは第7章で扱いますが、法人で運営するよりも個人で運営した方が税制面などで有利な場合に検討をします。

第2節 資産管理会社の運営

事業転換後に資産管理会社を運営する場合には、どのような点に注意が必要なのでしょうか。

1 法人経営上の注意

事業転換の場合、法人の経営は存続します。つまり、法人に求められる、各種の行政上の手続きや、税務上の申告納税義務というものも継続することになります。

日々の業務についても、全くなくなる訳ではありませんが、不動産賃貸業につき物の、家賃の収集や店子への対応、修繕、清掃などの物件の管理については、外部業者に委託することで、ほぼ働く必要はなくなるでしょう。

経理業務についても、記帳代行などを外部に委託することになりますが、資料の管理や収集、資金の管理、入出金など必要最低限の業務はせざるを得ないでしょう。

2 資金の還元

事業転換をして、会社を存続させた場合、会社で得た収入をいかにして経営者個人に還元するかが問題となってきます。

最も一般的な方法としては、役員報酬を得るということですが、その他

130

にも配当などの方法があります。

いくら役員報酬を出すかは、法人の収入や、個人の収入のバランス、税負担を考慮に入れて決定することになります。

経営者本人だけでなく、配偶者や子どもなども役員として、役員報酬を与えることで、所得が分散し、最終的には節税効果が見込める場合もあります。

法人に対する経営者からの借入金がある場合には、返済をすることにより、経営者個人に対して資金を還元します。この場合には、課税関係が生じません。

3 相続対策

事業転換をして会社を存続させることの最大のメリットは相続対策であるかもしれません。

廃業を選択して、会社が所有していた資産の全てが経営者の個人所有に切り替わった場合、経営者の相続財産が増えることになります。会社で所有していた不動産などの資産も、相続税の対象となります。

しかし、会社を存続させて、資産を引き続き会社に所有させた場合、経営者の相続財産というのは、その会社の株式ということになります。

不動産などを個人で所有して相続する場合と、会社の株式として相続する場合に、どちらの方が相続税額が大きくなるかは状況によりますが、株式での相続の方が相続税が低くなる傾向もあります。株式と相続については第8章で取り扱います。

相続対策としての事前の贈与ということを考えても、不動産の持分を小さく切り分けて暦年で贈与するというのには無理がありますが、株式であれば贈与する株数を調整することができます。

第6章　事業転換　131

また、実際に相続税を負担することとなる子どもを役員として、会社から役員報酬を出すことにより、将来負担すべき相続税の資金を手当てすることができます。

| 第**3**節 | 事業転換の手続き |

　事業転換をする際の手続きには、どのようなものがあるのでしょうか。また、気を付ける点は何でしょうか。

1 定款の変更

　事業転換をする場合には、定款を変更する必要があります。定款の絶対的記載事項として、会社の事業目的があります。事業転換をした場合には、この事業目的が変更になる場合がありますので、定款変更の手続きを経なければなりません。

　定款を変更する際には、株主総会での特別決議が必要となります。特別決議では、行使できる議決権の過半数を有する株主が出席して、出席した株主の議決権の3分の2を超える決議が必要となります。

　定款に記載すべき絶対的記載事項には、事業目的以外にも商号や本店所在地があります。商号は法人名のことですが、事業転換で事業内容が変わったとしても、従前の法人名を使い続けることは問題ありません。不動産賃貸業であっても「○○工業」といったような旧来の名称を使い続けている会社は多く存在します。

2 登記申請

　定款変更を行った場合で、変更した内容が登記事項である場合には、法

第6章　事業転換　　133

務局に対して定款変更の登記申請をしなければなりません。

　事業目的や商号、本店所在地は登記事項に該当しますので、登記申請が必要ということになります。

　登記申請は、定款変更の日から2週間以内に、本店所在地を所轄する法務局で行います。

　登記申請には、登録免許税がかかります。また、申請の際には、登記申請書のほか、株主総会の議事録などが必要となります。

図6-3　登記事項の例

・商号
・本店及び支店の所在場所
・目的
・資本金の額
・発行可能株式総数
・発行済株式の総数並びにその種類及び数
・取締役の氏名
・代表取締役の氏名及び住所
・公告方法についての定め（公告方法についての定めがないときは、官報で
　公告する旨）

3　異動届出

　商号や事業目的の変更があった場合には、税務署と都道府県税事務所、市町村に対して異動届出を提出する必要があります。提出の期限は、変更後遅滞なくとされています。

第4節　税務上の論点

　事業転換に際して、特殊な経理処理は生じません。また、税務上特別な処理が必要というわけではありません。事業転換後の注意すべき税務上の論点についてみてみましょう。

1　納税義務

　事業転換では、会社は存続しますので、当然納税義務も存続することとなります。つまり、廃止した事業から生じた所得に対して課税される法人税については、事業廃止後も納税義務が生じることになります。

　特に注意が必要な点としては、事業転換後に収入が従前に比べて著しく減少した場合には、納税資金が不足する可能性があります。また、翌事業年度における中間納付などについても注意が必要です。

2　不動産の買い換え特例

　事業転換をして、不動産賃貸業となる際、従前の事業のために所有していた資産を、賃貸用の不動産に買い換える場合が考えられます。この場合、特定資産の買換えの圧縮記帳をすることが可能です。

1　圧縮記帳とは

　圧縮記帳とは、本来課税すべき所得として生じている利益について、一

第6章　事業転換　　135

定の要件下で、その課税を将来に繰り延べる方法です。

例えば、長期間にわたって所有していた不動産を譲渡した場合、譲渡益が大きくなる傾向があります。地価が上昇する以前から所有していたり、あるいは減価償却が終わっている場合などは、譲渡対価のほとんどが譲渡益になってしまいます。この譲渡益に対して法人税が課税されると、譲渡対価をもって新たな資産を取得しようとしても、譲渡対価よりも価格の低い資産しか取得することができなくなります。この問題を解決するために特別の措置として定められているのが圧縮記帳ということになります。

図6-4　圧縮記帳のイメージ

法人が特定の資産を譲渡し、一定期間内に特定の資産を取得し、事業の用に供した場合には、圧縮記帳が認められています（租税特別措置法第65条の7）。

2 圧縮記帳の対象となる資産の条件

譲渡資産と買換資産については条件が定められていますが、基本的には国内にある所有期間が10年超の土地等、建物、構築物を譲渡資産とし、国内にある土地等、建物、構築物、機械装置等を買換資産とする買換えの場合が多いでしょう。

買換えによる圧縮記帳の適用を受けるには、買換資産の取得の日から1

年以内に当該資産を事業の用に供する必要があります。

　譲渡資産を譲渡した日と、買換資産を取得し、事業の用に供した日が同一事業年度である場合には、圧縮記帳を適用することには何の問題も生じません。しかし、買換資産を事業の用に供する日が翌事業年度になる場合はどうでしょうか。買換資産を事業の用に供する見込みである場合には、圧縮記帳を適用することができます。ただし、翌期中に事業の用に供されなかった場合は、圧縮記帳は認められません。

❸ 買換資産の取得期日

　買換資産の取得は原則、譲渡資産の譲渡の日を含む事業年度とされていますが、買換資産を譲渡に先行して取得する場合や、譲渡の日の属する年度の翌事業年度以降に買換資産を取得する場合も認められています。

　原則は譲渡資産を譲渡した年度の前後1年以内ですが、やむを得ない事情があると税務署長が認めた場合は3年以内の取得も可能となります。

　買換資産を譲渡に先行して取得する場合は、その取得した事業年度終了の日の翌日から2か月以内に、先行取得の規定の適用を受ける旨と一定の事項を記載した届出書を所轄税務署長に提出しなければなりません。

❹ 計算方法

　圧縮記帳することのできる圧縮限度額は、次の方法により計算します。

圧縮限度額 ＝ 圧縮基礎取得価額^{*1} × 差益割合^{*2} × 0.8^{*3}

* 1　圧縮基礎取得価額とは、買換資産の取得価額と譲渡資産の対価の額のいずれか少ない金額をいいます。
* 2　差益割合は次の算式により計算します。

$$差益割合 ＝ \frac{\{譲渡対価の額 － （譲渡資産の帳簿価額 ＋ 譲渡費用の額）\}}{譲渡対価の額}$$

* 3　長期所有資産の買換えについては、譲渡資産が地域再生法に規定する集中地域以外の地域内にあり、かつ、買換資産が次の地域内にある場合には、それぞれ次の割合となります（譲渡と取得がいずれも平成 27 年 8 月 10 日以後に行われた場合に限ります）。
  * ①　東京都の特別区の存する区域　70/100
  * ②　地域再生法の集中地域（①の区域を除きます）　75/100

譲渡費用の額には、譲渡に係る手数料、立退料などが含まれます。

譲渡年度で買換資産を取得しない場合は、譲渡対価の額のうち、買換資産の取得に充てようとする部分の金額を圧縮基礎取得価額として圧縮限度額を計算します。

また、買換資産を先行取得する場合には、買換資産が土地の場合は、その取得価額を圧縮基礎取得価額として計算します。買換資産が土地以外の減価償却資産である場合は、一定の調整計算をする必要があります。

3　消費税の届出

事業転換をした場合には消費税についても注意が必要です。事業転換後は従前と比べて事業の規模が縮小する傾向にありますので、消費税の免税事業者に該当することもあり得ます。

また、不動産賃貸業に事業転換し、住居を貸し付ける場合には、賃料収入は非課税取引になります。土地の貸付、住宅の貸付（貸付期間が 1 か月未

満の場合は除く）は非課税取引ですが、事務所、店舗、工場など事業用として賃貸する場合は課税取引になります。

簡易課税方式の適用条件や有利不利判定も改めて行う必要があります。

❶ 消費税の納税義務者でなくなった旨の届出書

基準期間における課税売上高が1,000万円以下となった事業者は、「消費税の納税義務者でなくなった旨の届出書」を所轄税務署長に提出しなければなりません。

❷ 消費税課税事業者選択不適用届出書

「課税事業者選択届出書」を提出している事業者は、基準期間における課税売上高が1,000万円以下となった場合であっても、「消費税課税事業者選択不適用届出書」を提出しない限り、課税事業者になります。

第**7**章

個人成り

第1節 個人成りとは

　会社の経営は、労力のかかる仕事です。法人で事業を営む場合は、帳簿処理などの事務負担だけでなく、会社法の要請に従った取締役会や株主総会などの運営も重荷になっています。

　高齢化した経営者が、生涯現役で自ら営む「事業」を継続したいと望むのであれば、法人での継続ではなく、個人事業としての継続も選択肢としては有効です。

　個人成りでは、法人は清算させることになりますが、事業を存続させることができます。この点で、事業を廃止して会社を存続させる事業転換と反対の手法といえます。

　また、事業転換後の不動産賃貸業を法人ではなく個人で営むために個人成りするということもあり得ますので、事業転換とセットで考える必要もあります。

1 個人成りとは

　個人成りとは、法人事業を廃止して、同一の事業を個人事業として行うための手続きあるいは考え方をいいます。

　法人成りという言葉は昔から存在し、個人事業が成長し、法人組織として経営しようと考えた際に行われるのが法人成りです。日本経済の成長期においては多く行われてきました。

　一方、個人成りはこの反対と考えて差し支えないでしょう。事業を法人

第7章　個人成り　　143

組織で運営するメリットがなくなったのであれば、個人事業として行うことも選択肢としてあり得ます。

　組織が小さくなり、縮小衰退するようなネガティブなイメージを抱かれるかもしれませんが、メリットもあります。課税関係から考えると、法人税と所得税の違いがあります。比較については後述しますが、税負担が軽減されるというメリットもあり得ます。

　デチューンという言葉があるようですが、エンジンなどを低性能化するという意味を持つ和製英語のようです。低性能化することにより、耐久性や操作性が向上するというメリットがあるとのことです。

　事業についても、個人事業とすることで運営が容易になるというメリットがあり、必ずしもネガティブな行為とはいえません。

2 個人成りのメリットとデメリット

　個人成りを行うメリットとデメリットは、次の通りです。

図7-1　個人成りのメリットとデメリット

メリット	デメリット
・法人税より税率が有利な場合がある。 ・青色申告特別控除ができる。 ・交際費などの経費の計上ができる。 ・住民税均等割の負担が不要。 ・社会保険料の負担軽減。 ・手続きが簡素化する。	・損失の繰越が短い。 ・経費にできない項目がある。 ・事業主の報酬や退職金を支給できない。 ・無限責任を負うこととなる。 ・事業承継が難しい。

❶ 所得税と法人税の違いから生じるメリットとデメリット

　メリットとデメリットの多くは、所得税と法人税との違いからきています。例えば、税率については、法人税は基本的には固定の税率ですが、所

得税は所得の金額によって税率が上がる、超過累進税率となっています。ゆえに、所得が少ない場合は税率が法人税よりも低くなります。

また、所得税と法人税の所得の計算方法には差異がありますので、その部分からメリットとデメリットが生じます。

これらの所得税と法人税との違いについては、次の**3 所得税と法人税**で説明いたします。

2 住民税均等割

法人住民税の均等割は、法人の業績の如何によらず、資本金等の額や従業員数に応じて一定額を納めることになっています。都道府県民税と市町村民税に分かれており、地方自治体により税額は若干異なりますが、東京都の場合は最低7万円から最大で380万円になります。法人が赤字であっても住民税の均等割は納める必要がありますので、場合によっては大きな負担です。

個人の住民税についても均等割がありますが、東京都の場合で5,000円と、額が僅少ですし、非課税となる場合もあります。

3 社会保険

法人であれば健康保険と厚生年金への加入が義務となっていますが、個人事業主の場合は従業員数が5人に満たなければこの義務がありません。社会保険料は原則として半分を会社が負担することになっていますので、社会保険への加入義務がなくなればメリットが生じます。

4 各種手続き

法人を運営するには、取締役会や株主総会などの開催が必要となります。個人事業の場合はこれらが不要となり、運営のための手続きが簡素化します。

第7章 個人成り 145

5 責任の問題

個人事業主は無限責任を負うことになります。株式会社などの法人の場合は、有限責任（8章168頁参照）となります。この点は個人成りの大きなデメリットです。

6 事業承継

事業承継については、第4節で取り扱います。

3 所得税と法人税

個人成りを行うことは、税務上は、法人税から所得税へと移るということを意味しています。また、法人税よりも所得税によって課税される方がメリットがあるからこそ個人成りをするということになります。

では、所得税と法人税にはどのような違いがあるのでしょうか。

1 税　率

個人事業より生じた所得に課される所得税は超過累進税率ですので、所得金額によって段階的に税率が上昇します。一方、法人税の税率は、中小法人では、年800万円以下の所得に対しては15％（平成31年3月31日までに開始する事業年度）、年800万円を超える所得に対しては23.2％（平成30年4月1日以降開始事業年度）の税率が課されます。

例えば、所得が300万円であった場合、所得税では税率が10％であり、所得税額は20万2,500円（所得控除は加味せず）となるのに対し、法人税では税率が15％であり、法人税額は45万円となります。所得が小さければ、所得税の方が税率の上では有利となります。また、法人には地方法人税も課されます。

146

なお、個人住民税の所得割は、市町村民税6％、道府県民税が4％（指定都市は市町村民税8％、道府県民税2％）となっているのに対し、法人住民税は法人税割と均等割が課され、法人税割は法人税額の12.9％（東京都、平成31年9月30日までに開始する事業年度）です。

　事業税についても個人と法人で異なっており、個人事業税は業種により税率が異なっていますが、法人事業税は所得金額に応じて区分されて課税されます。

図7-2　所得税と法人税の税率

〈所得税の税率〉

課税される所得金額	税率	控除額
195万円以下	5％	0円
195万円を超え　330万円以下	10％	97,500円
330万円を超え　695万円以下	20％	427,500円
695万円を超え　900万円以下	23％	636,000円
900万円を超え　1,800万円以下	33％	1,536,000円
1,800万円を超え4,000万円以下	40％	2,796,000円
4,000万円超	45％	4,796,000円

〈法人税の税率〉

	適用関係 平28.4.1以後 開始事業年度	適用関係 平30.4.1以後 開始事業年度
中小法人等 年800万円以下の部分	19％（15％）	19％（15％）
中小法人等 年800万円超の部分	23.4％	23.2％
中小法人以外の普通法人	23.4％	23.2％

（注）　表中の括弧書の税率は、平成31年（2019年）3月31日までの間に開始する事業年度について適用されます。

② 青色申告特別控除

所得税にあって、法人税にないものの代表が青色申告特別控除です。青色申告特別控除は、青色申告者に対して与えられる特典の一つで、所得金額から最高65万円又は10万円を控除するというものです。

この適用を受けるためには、その年の3月15日までに「青色申告承認申請書」を所轄税務署長に提出する必要があります。新たに事業を開始した場合は、開始した日から2か月以内が期限です。

65万円の青色申告特別控除を受けるためには、不動産所得又は事業所得を生ずべき事業を営んでいる必要があり、複式簿記による帳簿書類を整え、確定申告の際に貸借対照表と損益計算書を添付する必要があります。

なお、税制改正により、2020年以降の確定申告については、65万円の青色申告特別控除は55万円（電子申告をする場合を除く）に減額される予定です。

10万円の特別控除は青色申告者であれば要件なく適用されます。

③ 欠損金

事業に欠損が出た場合、その欠損を翌期以降に繰り越して、翌期以降の所得と通算できるのが、欠損金の繰越控除です。

法人の場合、平成30年4月1日以後に開始する事業年度において生じる欠損金額の繰越期間は10年間とされています。

一方、個人の場合の欠損金額の繰越期間は3年間とされています。つまり、法人のほうが欠損金の繰越という点では有利です。

④ 役員報酬

法人の場合、経営者は役員報酬を得ることができました。役員報酬を得た経営者側では、給与所得として所得税が課税されます。これにより、一

148

つの所得を法人と個人に分けることができました。

個人事業の場合、経営者が役員報酬を得ることはできません。

親族に対する給与についても、法人では支給することができましたが、個人の場合は専従者給与となるため、同一生計であり、年を通じて6月を越える期間当該事業に専ら従事するなどの要件を満たし、「青色事業専従者給与に関する届出書」の提出が必要となります。

5 経費項目

所得税と法人税とでは、経費に算入できる費用が異なっています。例えば接待交際費ですが、法人の場合は、損金算入には限度額がありますが、個人の場合には限度額がありません。

一方、事業主の保険料など法人では認められていた費用が個人では必要経費として認められない場合もあります。

ただし、生命保険料については生命保険料控除、小規模企業共済等の掛け金については小規模企業共済等掛金控除、寄附金については寄附金控除などの所得控除がとれます。

所得税の場合は、これらの所得控除を事業所得等から控除することができる点がメリットです。

第7章 個人成り　149

第2節 個人成りの手続き

　個人成りを検討した方がよいかどうかの判断基準と、実際に実行する場合の流れはどのようになっているのでしょうか。

1 判断基準

　判断基準は①業績、②従業員数、③経営者個人との関係、の３つの視点から検討する事になります。

❶ 業　績

　業績については、慢性的に赤字に陥っている場合と、黒字であるが所得が少ない場合とで、異なる理由から個人成りを検討することとなります。

　慢性的に赤字経営で、業績の回復が見られない場合は、法人住民税均等割の節税という点で有効です。

　黒字であっても所得が少なくなっている場合は、法人税率と所得税率の比較で個人成りを検討します。

　また、課税売上高が1,000万円を下回るタイミングを見計らい、消費税の納税を回避するという方法もあります。課税売上高が1,000万円を下回ったとしても、基準期間の課税売上高が1,000万円超であれば、消費税の納税義務者です。しかし、個人成りをすれば、法人における課税売上高との連続性は断たれますので、個人成り時点では基準期間の売上高がなく、消費税の免税事業者となることが可能です。

150

通常の事業の場合、売上の予想は困難な部分があります。しかし、事業転換で不動産賃貸業になり、課税売上高が1,000万円以下となることが明らかな場合などは有効です。

❷ 従業員数

　個人事業主は、従業員数が5人に満たない場合は、社会保険の加入義務がないため、従業員数が5人に満たない法人は個人成りにより会社負担分の社会保険料を削減することができます。

　事業の規模を縮小した上での個人成りの場合も、この従業員5名未満というのが一つの指標となります。

　従業員が親族のみの家族経営の会社の場合は、「青色事業専従者給与に関する届出書」を提出することで、家族従業員に給与の支払が可能となるため、デメリットは生じません。

❸ 経営者個人との関係

　個人成りで経営者に生じるデメリットは、役員報酬が得られなくなることです。法人で役員報酬を支給すれば、その役員報酬は法人の損金となります。また、経営者が受けた役員報酬については給与所得として所得税が課税されますが、給与所得控除額を控除できます。所得税率が法人税率より低い場合は税率のメリットも享受できます。

　しかし、事業の規模が小さくなり、所得やとれる役員報酬が少なくなった場合には法人税のメリットは小さくなる傾向にあります。

　また、法人が経営者から借入金を有している場合には、債務免除などをした方が得策となる場合もあります。

第7章　個人成り　　151

2 個人成りの流れ

個人成りは次の流れで進めます。

個人への資産、負債の引継ぎ

個人事業の開始

法人の清算等

個人への資産、負債の異動については、それぞれに論点があります。

1 事業用資産

不動産などの事業用の資産を個人に移す場合の最大の問題は、それが個人への譲渡になるということです。つまり、個人は資産を取得するための資金を準備する必要があり、法人側では資産の譲渡に伴う所得が生じ、法人税が課税されてしまいます。

不動産等については、そのときの時価により譲渡しなければなりません。時価を下回る価額での譲渡は、差額部分を経営者に対する役員賞与とされ、経営者個人では給与所得として課税されます。また、法人側ではその役員賞与は損金に算入できませんし、現物給与に該当するため、事前確定届出給与にあたらず、やはり損金に算入できません。

時価を上回る価額での譲渡はあまり考えられませんが、この場合は、差額部分を個人から法人への贈与とみなされます。

会社の清算に際して、不動産を現物分配するという方法もありますが、現物分配の際は、一定の手続きを経なければなりません。また、個人への

現物分配は非適格現物分配となり、法人での譲渡益課税と株主のみなし配当により課税関係が生じる点に注意が必要です。

2 棚卸資産

　棚卸資産についても、法人から個人への譲渡により異動させることになります。この場合も時価により譲渡しなければなりません。時価を下回る価額での譲渡は、差額部分を経営者に対する役員賞与とされ、経営者個人では給与所得として課税されます。また、法人側ではその役員賞与は損金に算入できません。

3 債権債務

　売掛金や買掛金などの債権債務は個人に引き継がないのが一般的です。これらを引き継ぐ場合には、債権者や債務者への告知などの手続きが煩雑になるためです。

　回収が困難な売掛金などの不良債権についても、個人に引き継がないのが一般的です。

　一方で、金融機関からの借入金などは個人に引き継がせる場合があります。借入金が個人に引き継げるかどうかは、債権者である金融機関の判断によることになります。

　経営者からの借入金については、法人に残さない方が望ましいです。返済をしてしまうか、あるいは債務免除により処理するのが一般的です。債務免除の場合は法人で債務免除益が生じ、法人税が課税されるおそれがあります。

　経営者への貸付金についても、同様に法人に残さない方が望ましいです。返済をするか、あるいは経営者に対して債権放棄をするかして処理します。債権放棄をした場合は、役員に対する給与となり、個人で所得税が課税さ

第7章　個人成り　　153

れ、法人では損金に算入することができません。

４ 契約など

　取引先との契約や、事務所店舗などの賃貸借契約、リース契約などは個人に契約を切り替える必要があります。ただし、個人は法人と異なり社会的信用が低いですので、契約の条件等が変更となる可能性があります。

　個人成りのために法人の資産、負債を異動させた後の法人については、解散、清算、休眠などをさせます。ただし、法人を解散・清算させるには若干の時間を要しますので、これらの手続きと平行して、個人事業を開始します。解散・清算については第９章で詳細に取り扱います。

第**3**節 税務上の論点

　個人成りにおける税務上の論点は、個人への事業用資産の異動の際の課税関係と、個人事業主としての所得税の論点の2つがあります。

1 事業用資産の異動に伴う税

　事業用資産を個人に異動することに伴う税は、売り手側である企業が支払う法人税と、買い手側である個人が支払う所得税です。

❶ 法人税

　資産の売り手である法人側は、資産の売却に伴い、売却益が生じることになりますので、この売却益に対して法人税が課税されることになります。

　もし、時価よりも低い価額での譲渡をした場合は、時価で譲渡があったものとみなします。つまり、譲渡益が計上され、かつ時価との差額部分については役員賞与（相手が第三者の場合は寄附金）として計上されますが、損金に算入することができません（寄附金の場合は限度額があります）。

❷ 所得税

　買い手側である個人は、時価での買い取りの場合には課税関係が生じることはありません。

　ただし、時価よりも低廉な価額での譲渡の場合は、差額部分が会社からの給与として所得税が課税されます。

第7章　個人成り　　155

買い手の個人に会社との雇用関係が無い場合は、一時所得として課税されることになります。

2 個人事業主としての所得税

個人成りをした場合は、経営者は個人事業として事業を営むことになります。つまり、所得税の確定申告が必要となります。

所得税の確定申告をする際に気を付けなければならない点は次の通りです。

1 確定申告

その年１月１日から12月31日までの１年間に生じた所得について、翌年２月16日から３月15日までの間に、所轄税務署長に対して確定申告を行い、所得税を納税する必要があります。

所得税は所得の種類に応じて、10種類に区分されています。従前法人で営んでいた事業を個人で規模を縮小して行う場合は、事業所得となります。また、不動産賃貸業を行う場合は不動産所得となります。物品の販売については事業所得ですが、事業用資産を譲渡した場合は、事業所得ではなく譲渡所得となります。また、事業が事業的規模でない場合は、雑所得とされる場合もあります。

所得の種類によって、計算方法に差異がありますので、注意が必要です。

❷ 届出書

個人事業を開業する場合の届出には、次のものがあります。

図7-3 個人事業開業後の届出書一覧

名　称	提出先	期　限
個人事業の開業届出書	税務署	1 か月以内
事業開始等申告書	都道府県 / 市町村	自治体による
青色申告承認申請書	税務署	3 /15（※）
青色事業専従者給与に関する届出書	税務署	3 /15（※）
給与支払事務所等の開設届出書	税務署	1 か月以内
源泉所得税の納期の特例の承認に関する申請書	税務署	定めなし
消費税課税事業者選択届出書	税務署	前年中
所得税の減価償却資産の償却方法の届出手続	税務署	確定申告期限
所得税の棚卸資産の評価方法の届出手続	税務署	確定申告期限

※ 1 月16日以後事業開始の場合は 2 か月以内

　個人事業の開業届出書と事業開始等申告書は国や地方自治体に事業を開始したことを知らせる届出で、開業後速やかに提出が必要となります。

　青色申告承認申請書については、青色申告の特例を受けるための書類です。

　青色事業専従者給与に関する届出書、給与支払事務所等の開設届出書、源泉所得税の納期の特例の承認に関する申請書はいずれも従業員がいる場合に必要な届出です。

　減価償却方法や棚卸資産の評価方法に関する届出は、必要に応じて提出します。

第 7 章　個人成り

3 青色申告

　青色申告を選択すると、青色申告特別控除などの特典を受けることができます。青色申告を受けるためには、その年の3月15日までに「青色申告承認申請書」を所轄税務署長に提出しなければなりません。その年の3月15日であり、翌年3月15日（確定申告期限）ではない点に注意が必要です。ただし、年の中途に新たに事業を開始する場合には、開始した日から2か月以内です。

3 個人成りした場合の不動産賃貸業

　不動産賃貸業を個人事業として営む場合は、その他の事業を営む場合と異なる点がいくつか存在します。

1 所得の種類

　不動産賃貸業は不動産所得となり、事業所得とは別に計算します。

2 事業的規模

　不動産所得の場合、事業的規模と認められるには、5棟10室基準（所得税基本通達26-9）というものがあります。アパートなど賃貸の用に供している独立した室数がおおむね10室以上か、独立した家屋をおおむね5棟以上貸し付けている場合には、その賃貸業が事業的規模と認められます。

　事業的規模である場合、青色申告の事業専従者給与又は白色申告の事業専従者控除の適用ができ、青色申告特別控除の最高65万円を適用できますが、事業的規模ではない場合、これらの適用はありません。

158

❸ 損益通算

　損益通算をする場合、不動産所得の金額の計算で必要経費に算入した負債の利子のうちに、土地又は土地の上に存する権利を取得するために要した利息（以下「負債の利子」という）がある場合は注意が必要です。

　不動産所得の金額の計算上生じた損失がある場合において、必要経費のうち負債の利子の額を除いた金額が、総収入金額に満たない場合は、その必要経費のうち、総収入金額を超える金額については損益通算の対象となりません。

　一方、必要経費のうち負債の利子の額を除いた金額が、総収入金額を超える場合には、超える部分の金額については損益通算の対象となりますが、負債の利子の額については損益通算の対象となりません。

個人事業主の事業承継

　本書においては、事業承継が困難であるという前提で、事業廃止を避ける一つの策として個人成りを取り扱っています。そのため、事業承継が可能であるのであれば、個人成りは選択しないでしょう。

　しかし、事業転換により不動産賃貸業となった後に個人成りを検討する際には、事業承継（相続）という視点も検討すべき点として考えられます。そのためここで個人事業主の事業承継を論点として取り扱います。

　個人事業を事業承継する場合には、2つの方法があります。一方は、経営者の生前中に事業を後継者に譲る方法です。もう一方は、経営者の死によって相続で譲る方法になります。

　会社の事業承継の場合は、当該会社の株式の承継という点が論点となりますが、個人事業の場合は、その事業を構成する資産の承継となります。

1 生前の事業承継

　経営者が生前に事業を後継者に承継する場合に、どのような方法で事業用の資産を異動するかということですが、譲渡と贈与の2つの方法があります。この他に、資産を異動させない賃貸借、使用貸借も考えられます。

❶ 事業の譲渡

　譲渡の方法によった場合、後継者は前経営者より事業用の資産を購入す

ることになります。事業用資産の譲渡に係る考え方は、本章第2節 **2 個人成りの流れ**で説明した、法人から個人への異動とほぼ同じです。

時価での譲渡となり、譲渡した経営者は、譲渡益について所得税を納める必要があります。譲渡する資産の内容によっては、棚卸資産のように事業所得とされるものと、不動産のように譲渡所得とされるものがありますので注意が必要です。

時価よりも著しく低い価額での譲渡があった場合は、その差額は後継者への贈与として後継者（受贈者）の側に贈与税が課税されます。

2 事業の贈与

経営者が後継者に事業用資産を全て贈与する場合には、後継者は贈与税を負担する必要があります。

2 相 続

相続により事業承継を行う場合は、後継者は相続税を負担することになります。相続税の申告においては、事業用財産と経営者の個人資産との明確な線引きは行われません。

後継者は、前経営者の事業を引き継ぎますが、個人事業は個人による契約を主体として営まれますので、取引先との契約や、従業員との雇用契約などは再度締結しなおす必要があります。

また、税務署等への届出関係についても、新規に事業を開始したものとして届出書を提出する必要があります。

青色申告承認申請書の提出については、相続により事業を承継した場合には提出期限が特別に定められています。

前経営者の死亡の時期に応じて、それぞれ次の期間内に提出しなければ

第7章　個人成り　　161

なりません。

死亡の日	提出期限
その年の 1 月 1 日から 8 月 31 日まで	死亡の日から 4 か月以内
その年の 9 月 1 日から 10 月 31 日まで	その年の 12 月 31 日まで
その年の 11 月 1 日から 12 月 31 日まで	その年の翌年の 2 月 15 日まで

3 法人の事業承継との違い

　法人の事業承継は株式の異動が論点となりますが、個人事業の承継は資産の異動が中心となります。

　では、事業承継を考えた場合、法人で行うのと、個人事業で行うのとではどちらが有利でしょうか。次に比較をします。

図7-4　法人と個人　事業承継におけるメリットとデメリット

	法　人	個　人
メリット	・手続きが簡潔。 ・契約の更新が不要。 ・税務面で有利。	・相続において小規模宅地等の特例が活用できる。
デメリット	・株主総会などの開催が必要。 ・株式が分散すると厄介。	・手続きが煩雑。 ・契約を更新しなければならない。 ・遺産分割における紛争の発生。

　法人で事業承継を行う場合のメリットは多いです。まず手続きが簡潔という点です。株主総会の開催や登記など、個人事業の場合には不要な手続きもありますが、契約の更新が不要な点、事業用資産、負債の個別の承継が不要な点など有利な点が多いです。

　また、税務面でも、事業用の財産が株式として評価されるため、個別に承継する場合より評価額が下がる傾向にあり、贈与税や相続税の面でも法

人の方が有利になります。

　個人事業の承継で有利な点は、相続の際に小規模宅地等の特例が活用できる点です。小規模宅地等の特例とは、相続税の計算をする際に、一定の土地については一定割合を減額して評価することができるというものです。これにより、相続税を抑えることができます。

　ただし、事業承継を考えた場合には、小規模宅地等の特例を除外すると法人での事業承継が有利であることには変わりありません。小規模な不動産賃貸業であれば、個人で相続した方が有利である可能性はあります。個人成りをする際の検討事項として、事業承継（相続）は重要な論点になっています。

第**8**章

株式と相続

第1節 株 式

　事業承継を考える場合には、株式は最も重要な論点です。株式の評価によって負担すべき税額あるいは、株式の異動に必要な資金が変わります。また、株主構成も事業承継を行う場合には重要な検討課題となっています。

　本書は、事業承継が困難で廃業を検討しているという前提に基づいています。このように事業承継が困難な場合には、株価や株主構成は論点にはならないのでしょうか。

　事業承継をしない場合であっても、廃業やその対案を考える際には、株価や株主構成は重要な論点であることに変わりはありません。例えば、M＆Aで株式譲渡をする際には、株価はM＆Aの対価を決める際に不可欠な情報となりますし、株主構成によっては実施方法が変わってくる可能性もあります。

　不動産賃貸業等へ事業転換をした際は、事業承継の可能性がありますので、やはり株価や株主構成は重要です。個人成りを検討する際も、将来の事業承継や相続について考慮し、個人成りをすることが適当であるかどうかを検証する必要があります。

　また、廃業をする際にも、残余財産を分配するため、株主構成は論点となっています。

　このように、株式はいかなる状況であっても、重要な論点となっています。

　ここでは株式の権利と評価方法について取り扱います。

第8章　株式と相続　　167

1 株主と経営者

　株主は会社に対して出資する義務を負いますが、それ以外には一切の責任を負わないこととなっています。これが株主有限責任の原則といわれるものです。株主は出資した金額以上の責任を負わないことで、不特定多数の投資家より広範に資金調達が可能となる制度となっています。

　また、株主は会社経営から開放されており、所有と経営が分離されています。

　しかし、一般的な中小企業については、株主と会社経営者が同一であることが多く、経営者として債務保証を行っている場合には、実質的に出資額を超えての責任を負わなくてはなりません。

　これら会社の所有者としての株主と、会社の経営者が同一である場合の会社のことをオーナー企業といい、経営者のことをオーナー経営者といいます。

　経営者が廃業を検討する場合は、オーナー経営者である場合がほとんどです。

　オーナー経営者の場合、株主としての地位と、経営者としての地位を同一視する傾向があり、少数株主が存在する場合に、その少数株主としての地位や権利について把握していないことも見受けられます。

2 株主の権利

　会社法（第105条）によると株主の権利は3つあり、「剰余金の配当を受ける権利（同条第1項第1号）」、「残余財産の分配を受ける権利（同第2号）」、「株主総会における議決権（同第3号）」です。

1 剰余金の配当を受ける権利

剰余金の配当を受ける権利とは、会社が営業活動等により稼得した利益を配当として配分してもらえる権利のことをいいます。上場株式に投資をする個人投資家の目的は、この配当をもらうことと、株式の価値の値上がりであることが大半です。

2 残余財産の分配を受ける権利

残余財産とは、会社が解散し、債権の回収と債務の弁済をした後に残った会社の財産のことです。残余財産の分配を受ける権利とは、会社が解散した後に残った残余財産をもらうことができる権利のことをいいます。

会社の廃業を検討する際には、この残余財産がどれくらいになるかが重要な論点となります。

3 株主総会における議決権

株式総会における議決権は他の2つの権利とは異なり、会社経営に参加する権利となります。

簡単に言えば、株主総会の議題について、賛成あるいは反対を投じることにより、自己の意見を経営に反映させることができる権利をいいます。

4 自益権と共益権

株主の3つの権利を大別すると、「自益権」と「共益権」の2つになります。

自益権とは、株主自身の利益のために認められた権利で、上記で説明した「剰余金の配当を受ける権利」と「残余財産の分配を受ける権利」の他にも、「株式買取請求権」などがあります。

「株式買取請求権」は、有する株式を会社に買い取らせることを請求でき

第8章　株式と相続　169

る権利のことをいいます。例えば、第5章で取り扱いました事業譲渡において、事業譲渡に反対する株主が行使するといったことが考えられます。

すなわち、自益権は会社から経済的利益を得るための権利です。

一方共益権は、会社の運営に参加するための権利で、「株主総会における議決権」の他、「株主提案権」、「株主総会招集請求権」、「役員解任請求権」、「帳簿閲覧権」、「会社解散請求権」などがあります。

5 単独株主権と少数株主権

株主の権利は、株主の権利行使のための株式保有要件の違いから、「単独株主権」と「少数株主権」に分けることもできます。

単独株主権は、1株であっても行使できる権利ですが、少数株主権は、一定数あるいは一定割合の株式の保有が権利行使のためには必要となります。

自益権については全てが単独株主権ですが、共益権には少数株主権となるものがあります。

図8-1　単独株主権の例

保有期間要件	内　容
なし	会社解散命令の申立 (824条)
	会社の組織に関する行為の無効の訴え (828条)
	株主総会等の決議取消の訴え (831条)
	特別清算開始の申立 (511条)
	新株発行・自己株式処分・新株予約権発行の差止請求 (828条)
	書類の閲覧・謄写・議事録の閲覧・謄写　等 (31条2項、125条2項、318条4項、371条2項、442条3項)

保有期間要件	内　容
行使前6か月継続保有 （※1、2）	議案提案権（304条）
	株主代表訴訟（847条）
	取締役等の違法行為差止請求（360条）

※1　定款の定めにより短縮可
※2　公開会社以外の会社の場合は保有期間要件不要

3　少数株主の権利

　中小企業や非上場会社の場合、上場会社に比べ、株主が少数である場合が多いです。この場合、少数株主であっても一定割合の株式を保有することとなる場合が多々ありますので、少数株主権については注意が必要となります。

　少数株主が権利行使をすることにより、M&Aや廃業などが思惑通り進捗しなくなるという問題が生じるおそれがあります。

　少数株主権は次の通りです。

図8-2　少数株主権の例

議決権要件	株式数要件	保有期間要件	内　容
10％（※1、5）	10％（※1、5）	なし	解散請求権（833条1項）
3％（※1）	－	行使前6か月 継続保有 （※2、3）	株主総会招集権（297条1項）
3％（※1、5）	3％（※1、5）	行使前6か月 継続保有 （※2、3）	役員解任請求権（854条1項）
			清算人解任請求権（479条）

第8章　株式と相続　　171

議決権要件	株式数要件	保有期間要件	内　容
3％(※1、5)	3％(※1、5)	なし	会計帳簿閲覧権(433条1項)
			業務・財産調査検査役選任請求権(358条)
1％(※1)	－	行使前6か月継続保有(※2、3)	総会検査役の選任請求権(306条)
1％又は300個(※1)	－	行使前6か月継続保有(※2、3、4)	議題提案権(303条)
			議案の要領の通知請求権(305条)

※1　定款の定めにより引下げ可
※2　定款の定めにより短縮可
※3　公開会社以外の会社の場合は保有期間要件不要
※4　取締役会設置会社以外の会社では単独株主権
※5　議決権要件又は株式数要件のどちらかを満たせばよい

4 株主総会

　株主総会は株主の総意により、株式会社の組織や運営に関する意思決定をする機関です。会社の社長である代表取締役や、取締役会なども株主総会の決議に拘束されることになります。そのため株主総会は株式会社の最高意思決定機関であるといわれています。

　オーナー企業の場合、株主と代表取締役が同一人物ですので、株主総会と経営者が異なる意見で対立するということはありません。しかし、オーナー企業であっても、経営者以外の株主がいる場合には、株主総会での決議に思い通りにならない事態が生じることがあります。

　株式には1株につき1つの議決権が付与されており、株主総会はこの議決権の多数により決議がなされます。決議内容によって、その決議に必要

な議決権の割合が決められており、重要な事項の決議ほど多くの議決権が必要となります。

　下記に株主総会における各種決議事項の例を掲載します。

図8-3　株主総会の決議事項の例

普通決議事項	自己株式の有償取得
	役員・会計監査人の選任・解任
	取締役・会計参与・監査役の報酬決定
	計算書類等の承認
	準備金の減少
	剰余金の処分
	剰余金配当事項の決定
	株式の分割
	株式無償割当
特別決議事項	譲渡制限株式の取得・買取人の指定
	特定株主からの自己株式の有償取得
	全部取得条項付き株式の全部取得
	譲渡制限株式の取得者に対する売渡請求
	株式の併合
	金銭以外の財産による剰余金の配当
	定款変更
	事業譲渡、事業譲受
	会社の解散・継続
	新設合併・新設分割・株式移転の承認
	吸収合併・吸収分割・株式交換の承認

第8章　株式と相続　　173

特殊決議事項	全株式に譲渡制限を設ける定款変更等
	剰余金分配・残余財産分配・議決権につき株主ごとに異なる取扱いを定める定款変更
	総会招集手続きの省略
	役員の責任の全部免除
	組織変更
	合併対価等が持分等である合併・株式交換

　会社を解散する場合、事業譲渡により事業の全部を譲渡する場合、あるいは重要な一部を譲渡する場合には、株主総会における特別決議が必要となります。

　特別決議は、議決権を行使可能な株主の議決権の過半数を定足数として、出席株主の議決権の3分の2以上により決議されます。

　また、M&Aで株式譲渡をする際、株式の譲渡制限が定款に定められているのであれば、譲渡の承認を株主総会で決議する場合もあります。

　このように、株主総会において一定の議決権を保有していなければ、会社の重要な事項を決めることができない場合があります。

5 種類株式と属人的株式

　株式会社では権利内容の異なる複数種類の株式を発行することができます。これを種類株式といいます。また、株主ごとに異なる取扱いをする旨を定款に定めることもできます。これを属人的株式といいます。

　M&Aの際に問題となることもありますので、事前に普通株式への転換をはかるなどの処理が必要となります。

1 種類株式

種類株式とは普通株式とは異なる権利や内容を持つ特別な株式をいいます。種類株式により議決権や配当権、残余財産分配権を制限したり、優先させたりすることができます。

最も有名な種類株式は、配当優先株式です。これは優先的に配当を受け取る権利を有した株式ですが、無議決権株式である場合が多いです。

種類株式は登記事項になっています。

2 属人的株式

公開会社でない株式会社で株式の全てに譲渡制限が付されている場合には、定款の定めにより株主ごとに異なる取り扱いをすることができます。これを属人的株式といいます。

例えば特定の人物が株主である場合は、議決権を数倍する旨などを定款を定めることができます。

6 名義株

名義株とは他人名義を借用して株式の払い込みがなされた株式のことをいいます。

平成２年度の商法改正以前においては株式会社の設立には発起人が最低７名必要とされていました。このとき、親族や知人に頼んで発起人として名義を借りた名残として名義株が存在している場合が多くあります。

名義株の本来の所有者は出資者です。M&Aなどの際に名義株が問題になることもありますので、事前に名義を本来の所有者に戻す手続きが必要となります。

第８章　株式と相続　　175

第2節 株式の評価

　非上場株式の時価はどのように評価算定されるのでしょうか。いくつかの方法について紹介します。

1 株式評価の概要

　上場会社の株式については明確な時価というものが存在しています。証券取引所等で日々取引が行われており、時価が刻々と上下しています。

　一方、非上場会社の株式については、日々の取引が行われていないため、取引に基づく時価がありません。しかし、株式譲渡をする際の譲渡対価としての評価、あるいは贈与や相続の際に税金を計算するための評価など、時価を算定しなければならない機会はいくらも存在しています。

　非上場株式の評価については、決まった1つの方法が存在しているというわけではなく、何のために評価が必要であるのかという目的別に、その評価の方法が異なっています。

　ここでは、M&Aの際の評価方法と、相続・贈与の際の評価方法の2つについて取り扱います。

2 M&Aにおける株式の評価

　株式の評価は、何を基に評価するかで、その方法が異なってきます。例えば、実際の取引事例に準じて評価する方法や、上場会社で類似する業種

を営む会社との比較により評価する方法、純資産を基に評価する方法、企業の収益力から評価する方法など、多岐にわたります。

M&Aにおける株式の評価方法を下記に一覧でまとめました。どの評価方法を採用するかは、M&Aの案件ごとに異なります。

図8-4 M&Aの評価方法

インカムアプローチ	DCF法	会社が将来生み出すであろうキャッシュフローを現在価値に割り戻して計算する方法。最も一般的な方法とされる。
	配当還元法	将来期待される配当額の合計を現在価値に割り戻して計算する方法。M&Aでは使われない。
コストアプローチ	簿価純資産法	会社の貸借対象法の純資産をもって株式価値とする方法。M&Aでは使われない。
	時価純資産法	会社の資産と負債を時価評価して純資産を評価する方法。時価の考え方には、再調達原価法と清算価値法がある。
マーケットアプローチ	市場株価法	M&Aの対象が上場会社の場合に利用される方法。
	類似会社比準法	類似の業種を営む上場会社との比較により評価する方法。
	類似取引比準法	類似する取引を基に評価する方法。中小企業のM&Aではあまり使われない。

M&Aの際の企業価値の評価方法については、①インカムアプローチ、②コストアプローチ、③マーケットアプローチの3種類に大別することができます。

1 インカムアプローチ

インカムアプローチとは、その法人が将来稼得するであろうと期待される利益や、キャッシュフローを現在価値に置き換えて評価する方法です。

第8章 株式と相続　177

代表的な評価方法にDCF（ディスカウントキャッシュフロー）法などがあります。

2 コストアプローチ

コストアプローチとは、会社の貸借対照表の純資産を基に評価する方法です。客観性がある方法で、中小企業のM&Aの際には最も使われる方法となりますが、収益性が反映されないなどの問題もあります。

3 マーケットアプローチ

マーケットアプローチとは、当該会社と類似する上場会社との比較により評価する方法です。類似する上場会社の選定が難しいという問題点があります。

中小企業のM&Aについては、コストアプローチの時価純資産法を基本として行われることが一般的です。DCF法のようなインカムアプローチは、将来生み出すであろうキャッシュフローの算定が困難ですので、事業計画がよほどの精度で策定されていない場合は、実際には利用することが困難です。

M&Aは売り手側と買い手側との合意を持ってなされることになりますので、上記のような評価方法を基に、お互い納得した金額での取引となります。そういった意味では、お互いの合意した価格が時価といえます。

3 相続税評価額

非上場株式等（取引相場のない株式）を贈与したり相続したりした場合の評価方法は、国税庁の相続財産評価に関する基本通達で定められています。

❶ 取引相場のない株式の評価

　取引相場のない株式とは、上場株式と気配相場等のある株式以外の株式をいいます。この取引相場のない株式の評価については、相続又は贈与等で株式を取得した株式の立場区分により、評価方法が変わってきます。原則的評価方式と特例的評価方式（配当還元方式）です。

　株主の区分と評価方法については次の表の通りです。

図8-5　評価方式の対応表

会社区分	株主区分				評価方式
同族株主あり	同族株主	取得後の議決権割合が５％以上			原則的評価方式
		取得後の議決権割合が５％未満	中心的な同族株主がいない場合		
			中心的な同族株主がいる場合	中心的な同族株主	
				役員	
				その他	配当還元方式
	同族株主以外の株主				
同族株主なし	議決権割合の合計が15％以上のグループに属する株主	取得後の議決権割合が５％以上			原則的評価方式
		取得後の議決権割合が５％未満	中心的な株主がいない場合		
			中心的な株主がいる場合	役員	
				その他	配当還元方式
	議決権割合の合計が15％未満のグループに属する株主				

❷ 原則的評価方式

　同族株主である場合には、原則的評価方式が適用されます。同族株主とは、課税時期における評価対象会社の株主のうち、株主の１人及びその同族関係者の有する議決権の合計数が当該会社の議決権総数の30％以上（株主の１人及びその同族関係者の有する議決権の合計数が最も多いグループの有する議決権の合計数が50％超である場合には50％超）である場合をいいます。

　また、同族関係者とは、株主の親族、株主と内縁関係にある者、株主の

使用人、株主から受ける金銭等により生計を維持している者と、株主の1人によって支配されている会社等をいいます。

原則的評価方式は、さらに類似業種比準方式と純資産価額方式、その両方を併用する併用方式に分けられます。この区分は、評価対象となる会社の規模によります。

図8-6　会社規模による評価方式の区分

会社の区分		評価方式	
大会社		類似業種比準方式 （純資産価額方式も選択可）	原則的評価方式
中会社	中会社の大　Lの割合：0.90	併用方式 （純資産価額方式も選択可）	
	中会社の中　Lの割合：0.75		
	中会社の小　Lの割合：0.60		
小会社		純資産価額方式 （併用方式も選択可）	

会社の規模が大会社に該当した場合は、類似業種比準方式により評価します。なお、純資産価額方式による評価額が類似業種比準方式による評価に満たない場合は、純資産価額方式による評価額を採用します。

中会社の場合は、類似業種比準方式と純資産価額方式との併用方式によります。この2つの評価方法を併用するときの混合割合がLの割合と言われるものです。中会社の大の場合、Lの割合が0.90ですが、これは類似業種比準方式による評価額を9割採用し、残り1割を純資産価額方式による評価額とするということを意味します。中会社の中は、類似業種比準方式と純資産価額方式を7.5：2.5で、中会社の小は、6：4で混合することになります。

会社の規模については、まず従業員数が70人以上であるかどうかで判定します。従業員数が70人以上の会社は大会社となります。従業員数が70人

未満である会社は、業種ごとに分けて次の通り判定します。

評価基準日の直前期末の総資産価額と直前期末以前1年間の従業員数のうちいずれか下位の区分と、直前期末以前1年間の取引金額に応じる区分を比較し、上位の区分がその会社の規模となります。

従業員数には社長や取締役など役員は含まれません。

図8-7　会社の規模の区分

○卸売業の場合

取引金額 総資産価額 および従業員数	2億円未満	2億円以上 3億5千万円未満	3億5千万円以上 7億円未満	7億円以上 30億円未満	30億円以上
・7,000万円未満 ・5人以下	小会社				
・7,000万円以上 ・6人～20人		中会社「小」 (L＝0.60)			
・2億円以上 ・21人～35人			中会社「中」 (L＝0.75)		
・4億円以上 ・36人以上				中会社「大」 (L＝0.90)	
・20億円以上 ・36人以上					大会社

○小売・サービス業の場合

取引金額 総資産価額 および従業員数	6,000万円未満	6,000万円以上 2億5千万円未満	2億5千万円以上 5億円未満	5億円以上 20億円未満	20億円以上
・4,000万円未満 ・5人以下	小会社				
・4,000万円以上 ・6人～20人		中会社「小」 (L＝0.60)			
・2億5千万円以上 ・21人～35人			中会社「中」 (L＝0.75)		
・5億円以上 ・36人以上				中会社「大」 (L＝0.90)	
・15億円以上 ・36人以上					大会社

◯卸売業、小売・サービス業以外の業種の場合

総資産価額および従業員数 ＼ 取引金額	8,000万円未満	8,000万円以上2億円未満	2億円以上4億円未満	4億円以上15億円未満	15億円以上
・5,000万円未満 ・5人以下	小会社				
・5,000万円以上 ・6人〜20人		中会社「小」 （L＝0.60）			
・2億5千万円以上 ・21人〜35人			中会社「中」 （L＝0.75）		
・5億円以上 ・36人以上				中会社「大」 （L＝0.90）	
・15億円以上 ・36人以上					大会社

③ 類似業種比準方式

　類似業種比準方式は、評価対象の会社と類似の事業を営んでいる上場会社の株価を基準として株価を評価する方法です。マーケットアプローチの手法の一種と考えることができます。

　類似業種比準方式による1株当たりの比準価額の計算は下記の通りです。

$$1株（50円）当たりの比準価額 ＝ A \times \frac{\dfrac{b}{B} + \dfrac{c}{C} + \dfrac{d}{D}}{3} \times しんしゃく率$$

A：類似業種の株価
B：類似業種の1株当たりの配当金額
C：類似業種の1株当たりの利益金額
D：類似業種の1株当たりの純資産価額（簿価価額によって計算した金額）
b：評価会社の1株当たりの配当金額
c：評価会社の1株当たりの利益金額
d：評価会社の1株当たりの純資産価額（簿価価額によって計算した金額）
しんしゃく率
　　大会社：0.7　　　中会社：0.6　　　小会社：0.5

計算式上のＡ、Ｂ、Ｃ、Ｄは国税庁が公表する「類似業種比準価額計算上の業種目及び業種目別株価等」より引用します。ｂ、ｃ、ｄについては、評価する会社の株式を１株当たりの資本金等の額が50円となるように調整して１株当たりの金額を求めます。例えば資本金等が1,000万円の会社で、実際の株式総数が200株であっても、1,000万円÷50円＝20万株を株式総数として計算することとなります。

　上記算式で計算された株価は、評価する会社の株式総数を調整して算出した株価ですので、これを本来の株式総数による１株当たりの価額に戻す計算をします。

$$類似業種比準価額 ＝ 1株（50円）当たりの比準価額 × \frac{一株当たりの資本金等の額}{50円}$$

❹ 純資産価額方式

　純資産価額方式は評価する会社の評価基準日における資産と負債を、国税庁が定めた「財産評価基本通達」に従い評価し、その場合の純資産額を基に１株当たりの価額を計算する方法です。

　コストアプローチの時価純資産法に近い方法ですが、資産負債の時価を求める方法が国税庁の定めた「財産評価基本通達」による点が異なります。

　また、評価差額について、法人税等相当額を控除します。具体的な算式は次の通りです。

●純資産価額 ＝ 各資産の金額の合計額 － 各負債の金額の合計額
　　　　　　　　－ 評価差額に対する法人税等に相当する額（※）
　　※評価差額に対する法人税等に相当する額
　　　＝ ｛純資産価額（相続税評価額ベース）－ 純資産価額（帳簿価額ベース）｝× 0.37

●１株当たりの純資産価額 ＝ 純資産価額 ÷ 発行済株式数

第8章　株式と相続　　183

5 配当還元方式

配当還元方式は過去の配当実績を基に評価します。

$$配当還元価額 \; = \; \frac{その株式の年配当金額}{10\%} \; \times \; \frac{1株当たりの資本金等の額}{50円}$$

その株式の年配当金額は、1株式を1株当たりの資本金等の額が50円となるように調整した1株当たりの金額で、直前2年間の平均額を用います。直前2年間が無配である場合や、上記調整後の1株当たりの年配当金額が2円50銭（5％配当）未満の場合は、2円50銭とします。配当還元価額は最低でも1株当たりの資本金等の額の50％の価額になります。

4 特定の評価会社の評価

その会社の総資産に占める土地等の割合が高い会社を土地保有特定会社といい、株式等の割合が高い会社を株式等保有特定会社といいます。

これらは原則的評価方法とは異なる評価方法が適用されます。

また、これ以外にも原則的評価方法によらない評価を適用する会社があります。

1 土地保有特定会社

評価する会社が土地保有特定会社に該当するかどうかは、会社の規模と土地保有割合により次の表により判断します。

土地保有特定会社の株式は、純資産価額方式により評価します。

会社の規模			土地保有割合（※）が下記に該当すれば土地保有特定会社
大会社			70％以上
中会社			90％以上
小会社	業　種	総資産価額（帳簿価額）	
	卸売業	20億円以上	70％以上
		7,000万円以上20億円未満	90％以上
	小売・サービス業	15億円以上	70％以上
		4,000万円以上15億円未満	90％以上
	上記以外の業種	15億円以上	70％以上
		5,000万円以上15億円未満	90％以上

※土地保有割合＝土地等の価額の合計額÷総資産価額

❷ 株式等保有特定会社

　評価する会社が株式等保有特定会社に該当するかどうかは、株式等の保有割合が50％以上であるか否かにより判断します。株式等の保有割合が50％以上である場合は、株式等保有特定会社となり、その株式は純資産価額方式により評価します（S1＋S2方式と呼ばれる類似業種比準方式を一部用いた方法を用いることも可能）。

❸ 比準要素数１の会社

　比準要素数１の会社とは、上記 ❸ **相続税評価額** ❸ **類似業種比準方式**に掲げるb、c、dの値のうち2つが0である場合の会社のことで、純資産価額方式により評価します。

第8章　株式と相続　　185

4 開業後3年未満の会社

開業後3年未満の会社は純資産価額方式により評価します。

類似業種比準方式は本来、正常な営業活動を行っていることを前提として、上場会社との比較をすることで株価を算定する方法です。開業後3年を経ていない会社は、上場会社との比較をすることが不適当であると考えられるため、純資産価額方式により評価することとなります。

また、事業転換などにより業態が大きく変わった場合も、比較のための前提が変わるため、同じく類似業種比準方式ではなく純資産価額方式により評価される可能性があります。

純資産価額方式は通常類似業種比準方式よりも株価が高く評価される傾向にあるため、事業転換後すぐの株式の異動には注意が必要となります。

5 法人税法上の時価

法人が非上場株式を譲渡する場合は、法人税法上の時価により評価することになります。法人税法上の時価については、法人税法基本通達9-1-13に規定されており、売買実例がある場合はその価額、そうでない場合は、純資産価額等を参酌して通常取引されると認められる価額により評価することになります。

具体的には、売主が中心的な同族株主である場合には、財産評価基本通達上の小会社として計算を行い、土地等や上場有価証券等は時価評価し、評価差額に対する法人税額等相当額は控除しません。

第**3**節　相続と相続税

　相続と相続税は、廃業を考える上では重要な要因となります。廃業やそれに代わるM&Aなどの施策の実行を検討することは、経営者の財産についてを検討することでもあり、それは、経営者の相続まで考えることになるためです。

■1　相　続

　相続とは、民法の規定によると、人の死亡により開始し、被相続人の財産に属した一切の権利義務を相続人に承継させることをいいます。

　民法の第5編「相続」にまとめられています。

■■　被相続人と相続人

　被相続人とは亡くなった人をいい、相続人とは被相続人の財産を相続した人のことをいいます。法定相続人は民法上、被相続人の財産を相続できる権利を有する人のことをいい、相続人は実際に財産を相続した人のことをいいますので、少しの差があります。

　法定相続人の相続順位は民法で定められています。被相続人の配偶者は必ず相続人になります。子がいる場合は第1順位で相続人になります。子がいない場合は直系尊属が第2順位で相続人となり、直系尊属もいない場合は第3順位で兄弟姉妹が相続人になります。

　第1順位の子が亡くなっている場合は、その子の直系卑属（子や孫）が

第8章　株式と相続　　187

代襲相続により相続人となります。ただし、子が相続放棄をした場合には、代襲相続ができません。

2 法定相続分

民法では法定相続分が定められており、相続順位ごとに次の通り割合が定められています。これを法定相続分といいます。

相続順位	相続人	法定相続分
第1順位	配偶者	1 / 2
	子	1 / 2
第2順位	配偶者	2 / 3
	直系尊属	1 / 3
第3順位	配偶者	3 / 4
	兄弟姉妹	1 / 4

ただし、必ず法定相続分にしたがって遺産分割をする必要はなく、あくまでも法律上の目安となります。

3 遺産分割

相続人が複数いる場合には、相続財産を各相続人に帰属させる手続きが必要となります。これを遺産分割といいます。遺産分割には指定分割、協議分割、調停分割、審判による分割などがあります。

指定分割は被相続人の遺言により決められたとおりに分割する方法です。協議分割は相続人全員の協議により分割をする方法です。全員の合意により成立し、遺産分割協議書を作成します。

遺産分割協議が整わない場合には家庭裁判所において調停員が協議に加わり協議を行います。これが調停分割ですが、それでも分割できなかった

場合には家庭裁判所の審判により遺産分割が行われます。

4 承認と放棄

　相続人は、相続の開始があったことを知った時から3か月以内に相続について単純承認、限定承認、放棄のいずれかの意思を表示しなければなりません。3か月以内に意思の表示がなかった場合には、単純承認をしたものとみなされます。

　単純承認とは、被相続人の権利義務の全てを相続することで、資産のみならず負債も相続することになります。

　限定承認とは、相続人が相続した資産の範囲内で負債も相続することをいいます。限定承認をする場合には、相続の開始があったことを知った時から3か月以内に家庭裁判所に財産目録を提出して、限定承認を行う旨を申述しなければなりません。また、限定承認は相続人全員の共同で行う必要があります。

　放棄は、被相続人の資産負債の全ての相続をすることを拒否することです。相続の開始があったことを知った時から3か月以内に家庭裁判所に財産目録を提出して、放棄を行う旨を申述しなければなりません。限定承認と異なり、各相続人単独で行うことができます。

2 相続税

　相続税とは、被相続人の財産を相続人が相続や遺贈によって取得した場合に課税される税金で、相続人が取得した財産に応じて負担することとなります。

1 相続のスケジュール

　相続と相続税に関するスケジュールは次の通りとなっています。

第8章　株式と相続　　189

図8-8　相続スケジュール

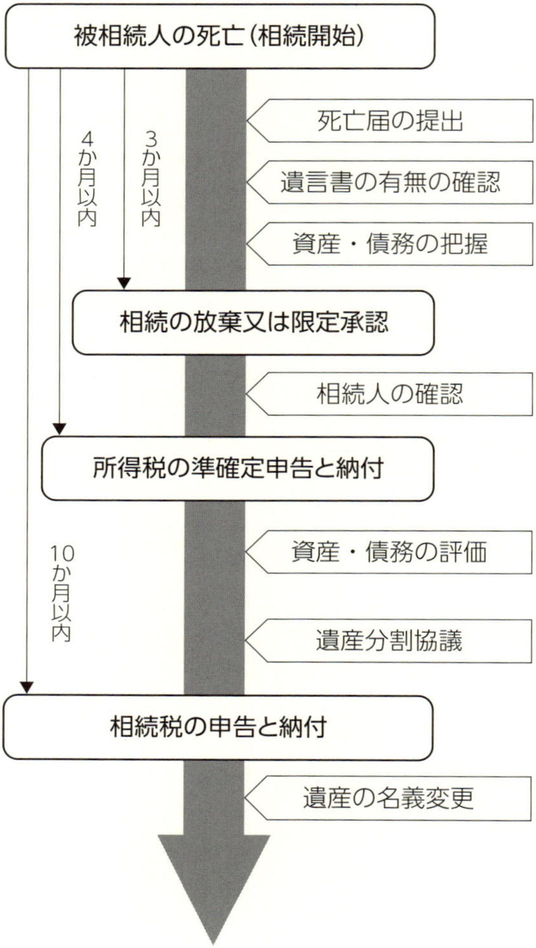

被相続人の死亡（相続開始）

4か月以内

3か月以内

死亡届の提出

遺言書の有無の確認

資産・債務の把握

相続の放棄又は限定承認

相続人の確認

所得税の準確定申告と納付

10か月以内

資産・債務の評価

遺産分割協議

相続税の申告と納付

遺産の名義変更

　相続開始を知った日の翌日から４か月以内にしなければならない税務上の申告は、所得税の準確定申告です。これは、その年１月１日から亡くなる日までの被相続人の所得税を計算して申告するものです。

　相続税の申告と納付は、相続開始を知った日の翌日から10か月以内にし

なければなりません。遺産分割ができずに相続税の申告期限が来た場合には、未分割のまま相続税申告をしなければなりません。

　未分割申告の場合、配偶者の税額軽減の特例などが適用できずに相続税を計算して納税することとなります。ただし、「申告期限後3年以内の分割見込書」を提出しておき、相続税の申告期限から3年以内に分割された場合には、分割された日の翌日から4か月以内に更正の請求を行うことで適用を受けることができます。

2 相続税の計算

　相続税の計算の流れは図8-9の通りです。

　まず、各相続人が相続する相続財産を合計した、課税価格の合計額から基礎控除額を控除します。これを課税遺産総額といいます。

　各相続人の課税価格の計算は、次の算式により計算します。

$$\text{各相続人の課税価格} = \text{本来の相続財産の価額} + \text{みなし相続財産の価額} - \text{非課税財産の価額} + \text{被相続人からの3年以内の贈与財産の価額} - \text{債務及び葬式費用の額}$$

　基礎控除額は、次の算式により計算します。

遺産に係る基礎控除額 ＝ 3,000万円 ＋ （600万円 × 法定相続人の数）

　次に、課税遺産総額を法定相続分に従って各相続人に按分し、それぞれ税率を乗じて仮の相続税額を計算します。これを合計したものが相続税の総額です。

　最後にこの相続税の総額を、各相続人が実際相続した課税価格に応じて按分したものが、各相続人が納付すべき相続税額となります。この段階において相続人ごとに税額控除等を加味することとなります。

第8章　株式と相続　　191

図8-9　相続税の計算イメージ

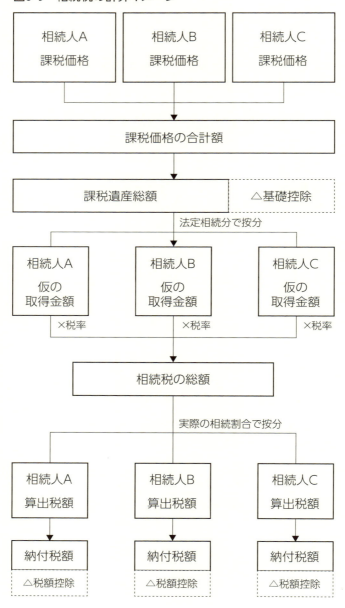

図8-10　相続税の速算表

決定相続分に応ずる取得金額	税率	控除額
1,000万円以下	10%	－
3,000万円以下	15%	50万円
5,000万円以下	20%	200万円
1億円以下	30%	700万円
2億円以下	40%	1,700万円
3億円以下	45%	2,700万円
6億円以下	50%	4,200万円
6億円超	55%	7,200万円

❸ 贈与税額控除

　相続開始前3年以内に被相続人から相続人への財産の贈与があった場合は、相続財産として相続税の対象となります。しかし、贈与税と相続税の二重課税を回避する目的から、相続人が負担した贈与税が、負担すべき相続税から控除されます。

❹ 配偶者の税額軽減

　被相続人の財産形成への貢献や生活保護の観点から、配偶者の税額軽減が設けられています。次の算式により計算した金額を配偶者の税額軽減として、配偶者が負担すべき相続税額から控除されます。

$$配偶者の税額軽減額 ＝ 相続税の総額 × \frac{A}{相続税の課税価格の合計額B}$$

　A は次のイ、ロのうち少ないほうの金額

　　イ　B×配偶者の法定相続分
　　　（1億6,000万円に満たない場合は1億6,000万円）
　　ロ　配偶者が実際に取得した財産の価額（課税価格に相当する金額）

第8章　株式と相続　　193

5 相続税の納付と納税資金

相続税の納付は相続税の申告期限と同じく、相続の開始があったことを知った日の翌日から10か月以内です。

相続税の納付は原則として全額を金銭で一括納付することとされています。しかし、相続税は他の税金と比べて額が大きな税であるため、個人が納付するには納税資金の準備が不可欠です。

特に経営者の相続の場合は、相続財産の多くが会社の株式や不動産であり、換金が困難な資産となっています。

納期限を延長して分割納付できる延納や、物納などもありますが、一定の要件を満たす必要があります。

3 贈与税

民法によると、贈与とは当事者の一方が自己の財産を無償で相手方に与える意思を表示し、相手方が受諾をすることとされています（民法第549条）。

つまり、贈与者が財産をあげるという意思を示し、受贈者がそれを受諾することで成立する諾成契約です。

1 贈与税

贈与税の負担者は、財産をもらった側の受贈者です。贈与税の課税対象となる財産には、本来の贈与財産とみなし贈与財産があります。本来の贈与財産としては現金預金、土地、家屋、事業用資産、有価証券、書画骨董、家財があげられます。

一方、みなし贈与財産は贈与の意思とは無関係に経済的利益が移転したことにより贈与があったとみなされるもので、生命保険金や債務免除益などがあげられます。

有価証券（株式）の贈与は、M&Aなどに際して、株式の集約や異動を行う際に関わってきますし、事業用資産の贈与は、個人成り後の事業承継などに関わってきます。

なお、贈与税が関係する取引は、個人から個人への贈与であり、法人から個人への贈与は、雇用関係があれば給与所得、なければ一時所得として所得税が課税されます。

❷ 贈与税の計算と申告

贈与税は受贈者ごとに計算して申告をすることとなります。その受贈者がその年1月1日から12月31日までの1年間に受けた贈与財産の額を合計して計算します。これを暦年贈与といいます。

贈与税額の計算式は次の通りです。

贈与税額 ＝（課税価格 － 基礎控除額110万円）× 税率 － 控除額

贈与税の税率は累進税率となっていますので、**図8-11**に掲げる速算表を用いて計算することとなります。また、20歳以上の者が父母や祖父母などの直系尊属から贈与を受けた場合は、特例贈与財産として一般贈与財産とは異なる税率表を用いることとなります。

贈与税の申告書は、贈与を受けた年の翌年2月1日から3月15日までの間に、受贈者の住所地の所轄税務署長に提出し、納税します。

第8章　株式と相続　　195

図8-11　贈与税の速算表

課税価格		特例贈与財産		一般贈与財産	
		税率	控除額	税率	控除額
	200万円以下	10%	−	10%	−
200万円超	300万円以下	15%	10万円	15%	10万円
300万円超	400万円以下			20%	25万円
400万円超	600万円以下	20%	30万円	30%	65万円
600万円超	1,000万円以下	30%	90万円	40%	125万円
1,000万円超	1,500万円以下	40%	190万円	45%	175万円
1,500万円超	3,000万円以下	45%	265万円	50%	250万円
3,000万円超	4,500万円以下	50%	415万円	55%	400万円
4,500万円超		55%	640万円		

❸ 相続時精算課税制度

　相続時精算課税制度とは、贈与時に贈与財産に対する贈与税を納付し、その贈与者が亡くなったときにその贈与財産の贈与時の価額と相続財産の価額とを合計した金額を基にして相続税を計算する方法です。

　相続時精算課税制度を適用して納付した贈与税相当額は、相続税額から控除され、相続税額から控除しきれない部分については還付されます。

　相続時精算課税制度の適用対象者は、贈与者が60歳以上の父母及び祖父母で、受贈者が20歳以上の贈与者の子又は孫となります。

　相続時精算課税制度の適用をした場合の贈与税の計算式は次の通りです。

　贈与税額 ＝ （課税価格 − 特別控除額 2,500万円） × 20%

　特別控除額は複数年にわたって使用することができます。また、相続時精算課税制度を選択するかどうかは、贈与者ごとに決めることができます。

一方、一度相続時精算課税制度を選択してしまうと、その贈与者からの贈与については、上記 **2 贈与税の計算と申告**で説明した暦年贈与に戻すことはできません。

相続時精算課税制度を選択する場合には、一定の事項を記載した相続時精算課税選択届出書を、その贈与を受けた年の翌年2月1日から3月15日までの間に、贈与税の申告書ともに提出する必要があります。

4 紛争の防止と遺言

相続が起こると相続人は残された相続財産をどのように分割するか、遺産分割協議をすることとなります。ただし、お互いの言い分があるため、遺産分割協議がまとまらないことも多々あります。

遺産分割協議がまとまらない場合は、家庭裁判所の調停と審判により分割するという方法がありますが、紛争になることは避けたいものです。

そこで考えて置くべき対処方法に遺言があります。遺言書には主に自筆証書遺言、秘密証書遺言、公正証書遺言の3つがあります。

1 自筆証書遺言

自筆証書遺言は、本人が自筆で作成する遺言です。手軽な方法ですが、改竄や破棄のおそれがあります。また、家庭裁判所で検認の手続きを経なければならないため、デメリットも多いです。

ただし、平成30年7月の民法改正により、法務局での保管制度が新設されます。保管制度を利用すると、改竄や破棄のおそれが少なくなり、無効となるリスクも減ります。また、保管制度を利用した場合、検認の手続きを省略することができることとなります。

なお、この改正法は平成31年1月に施行される予定です。

第8章 株式と相続 197

② 秘密証書遺言

秘密証書遺言は公証人と証人に遺言の存在のみを確認証明してもらう方法で、遺言の中身については本人以外は知り得ません。しかし、内容に不備があった場合には無効となるため、注意が必要な方法です。

③ 公正証書遺言

公正証書遺言は、公証人が作成し、公証人と証人が確認証明をし、公証役場での保管がなされる方式ですので、手数料がかかりますが、不備はなく適切に作成されるため、紛争の防止には最適の方式といえます。

第4節　事業承継税制

　廃業の問題は、事業承継の問題と大きく絡んでいます。事業承継が遅々として進まない現状に対応するために、平成20年において「中小企業における経営の承継の円滑化に関する法律」（以下「経営承継円滑化法」という）が成立施行されました。事業承継円滑化法は3本柱になっており、税制の特例、民法の特例、金融支援からなります。

　税制の特例として事業承継税制が位置付けられています。

　これらの特例制度を活用することで、廃業を回避することができる可能性もあるため、状況に応じて適用を検討する必要があります。

1　事業承継税制の概論

　事業承継税制の根幹をなしている制度が、納税猶予制度です。納税猶予制度とは、事業承継に関連して、その会社の株式を贈与、相続した場合に課税される贈与税、相続税の納税を猶予するという制度です。

　また、猶予されていた税額は、一定の条件を満たすと免除となるため、実質的に贈与税や相続税がかからなくなる制度と解されています。

　納税猶予制度は大きく、贈与税の納税猶予と相続税の納税猶予に分かれており、それぞれ適用するための要件が定められております。

　適用のための要件は、会社の要件、後継者の要件、先代経営者の要件をそれぞれ満たす必要があります。また、継続要件も定められており、この要件を満たさなくなると、納税猶予が取り消され、猶予されていた税額を

第8章　株式と相続　　199

納める必要が生じます。

　納税猶予制度は成立より現在に至るまで、何度かの改正を経て存在しておりますが、平成30年度の税制改正において10年間の期限を定めて特例措置が創設されました。当初より存在している納税猶予を一般措置、平成30年度の税制改正で創設されたものを特例措置といいます。

　具体的な流れを**次図8-12**に従って説明します。

　まず、1代目の経営者が後継者（2代目経営者）に事業承継をして、会社の株式を贈与します。この時、一定の要件を満たした上で都道府県知事の認定を受け、贈与税の納税猶予を適用します。この時点で本来納付すべき贈与税について、納税が猶予されることになります。

　猶予された贈与税は、1代目の経営者が死亡した時点で免除されます。しかし、1代目経営者の死亡に伴い、贈与された株式について相続税が課税されます。この相続税についても一定の要件を満たして都道府県知事の認定を受けると相続税の納税猶予の適用を受けることができます。

　相続税の納税猶予が免除されるのは、2代目の経営者が死亡するか、次の後継者（3代目の経営者）に生前贈与される時になります。

　3代目の経営者に事業承継がなされて株式が移った時点で、再度贈与税ないしは相続税が課税されますが、これについても納税猶予を選択することができます。

　このように、納税猶予と免除を繰り返していくのが納税猶予制度のパターンになりますが、納税猶予の連鎖から抜け出すためにはいずれかの時点で贈与税又は相続税を納める必要があります。

2　一般措置と特例措置の相違

　納税猶予の特例措置は平成30年度の税制改正により創設されました。

200

図8-12 事業承継税制の全体像のイメージ

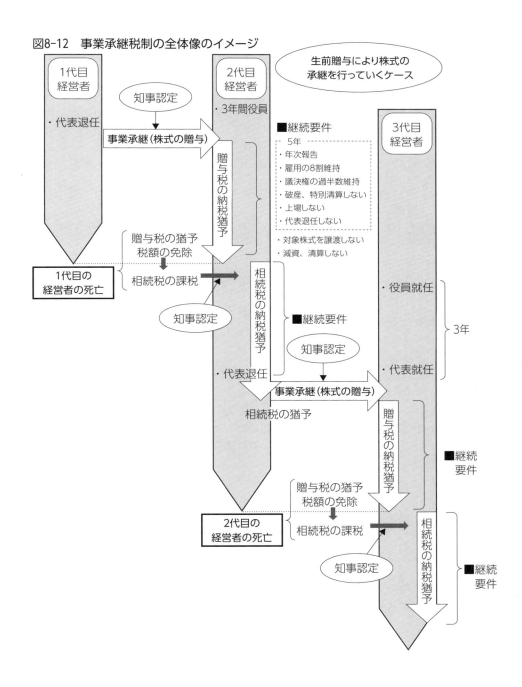

第8章 株式と相続

特例措置は平成30（2018年）年1月1日から平成39年（2027年）12月31日までの10年間に限定され、同期間内に生じた贈与や相続が対象となります。

特例措置の適用を受けるためには、平成30年4月1日から平成35年（2023年）3月31日までの5年間の間に、特例承継計画を都道府県知事に提出する必要があります。

特例措置は一般措置と比較して次の差異があり、基本的に対象範囲が拡大されています。

図8-13　一般措置と特例措置の違い

内　　容	一般措置	特例措置
納税猶予対象株式	発行済議決権株式総数の3分の2に達するまでの株式	取得した全ての株式
納税猶予税額	贈与…対応する贈与税の全額	贈与…対応する贈与税の全額
	相続・・・対応する相続税の80％	相続・・・対応する相続税の全額
雇用確保要件	経営承継期間内の一定の基準日における雇用の平均が贈与/相続の時の雇用の8割を下回った場合は、納税猶予が打ち切られる。	経営承継期間内の一定の基準日における雇用の平均が贈与/相続の時の雇用の8割を下回った場合であっても、要件を満たせない理由を記載した書類を都道府県に提出すれば、納税猶予は継続される。
後継者の要件	代表権を有している/有する見込みである後継者1人への承継のみ適用対象。	代表権を有する複数人（最大3人）への承継を適用対象とする。
相続時精算課税制度の適用対象者	贈与をした年の1月1日において60歳以上の父母又は祖父母から、同日に20歳以上の者で贈与者の直系卑属等への贈与	直系尊属からの贈与以外の贈与にも適用できる。（年齢要件は同じ）

1 納税猶予対象株式

　一般措置の場合、納税猶予の対象となる株式は発行済議決権株式数の3分の2までですが、特例措置では全株式が対象となっています。

2 納税猶予税額

　相続税の納税猶予の場合、一般措置であれば税額の80％の納税が猶予され、残り20％は納税しなければなりませんが、特例措置の場合全額が納税猶予の対象となります。

　ここで注意しなければならない点は、相続税の全額の納税が猶予されるのではなく、事業承継した自社株式の相続に係る相続税が納税猶予の対象となる点です。

3 雇用確保要件

　一般措置の場合、事業承継後5年間は当初の雇用者数の8割を維持する必要があり、これを下回ると納税猶予が取り消されます。しかし、特例措置の場合は、雇用が8割を下回ったとしてもその理由を記した書類を提出することにより納税猶予が継続されます。

4 後継者要件

　一般措置では納税猶予の対象となるのは現経営者から後継者への株式の異動のみでしたが、特例措置では後継者を3名まで対象とすることができます。ただし、対象とするには全員が代表であることや、異動後の議決権が10％以上あり、同族関係者の中で上位2位（後継者が2人の場合）か3位（後継者が3人の場合）以内である必要があります。

第8章　株式と相続　　203

5 相続時精算課税制度

　贈与税の納税猶予を適用する際には、同時に相続時精算課税制度を適用することが推奨されます。特例措置では、通常は相続時精算課税制度の対象とならない直系尊属以外からの贈与も対象となり、親族外承継についての適用が拡充されています。

3 適用要件

　納税猶予の適用を受けるためには、①会社の要件、②後継者の要件、③先代経営者の要件をそれぞれ満たす必要があります。また、納税猶予を取り消されることがないよう④継続要件を満たす必要があります。

1 会社の要件

次の要件の全てを満たす必要があります。

・上場会社に該当しないこと

・中小企業者であること

・風俗営業会社でないこと

・資産保有型会社等でないこと

・従業員が1人以上いること

・当該会社、後継者、後継者と生計を一にする親族等が議決権の過半数を有している会社（特定特別関係会社）が中小企業であり、上場会社、風俗営業会社等に該当しないこと

中小企業者に該当するかどうかは、次の表により判定します。

図8-14　中小企業者の判定

業　種		資本金の額 又は 出資の総額		従業員数
製造業・建設業・ 運輸業その他	一定のゴム製品製造業	3億円以下	又は	900人以下
	上記以外の製造業・建設業・ 運輸業その他	3億円以下		300人以下
卸売業		1億円以下		100人以下
小売業		5千万円以下		50人以下
サービス業	ソフトウェア業 情報処理サービス業	3億円以下		300人以下
	旅館業	5千万円以下		200人以下
	上記以外のサービス業	5千万円以下		100人以下

　また、資産保有型会社等とは、資産保有型会社と資産運用型会社のことです。資産保有型会社とは、総資産価額に占める特定資産の価額の合計額の割合が70％以上である会社をいいます。資産運用型会社とは、総収入金額に占める特定資産の運用収入の合計額の割合が75％以上である会社をいいます。

　特定資産とは、資産保有型会社等に該当しない特別子会社を除く有価証券や自社利用外不動産（賃貸不動産を含む）、ゴルフ場利用権、絵画骨董などをいいます。

　ただし、資産保有型会社等であっても、次の要件を満たし、実質的に事業実態があると認められる場合には資産保有型会社等に該当しないものとみなされます。

・常時使用する従業員が5人以上いること（後継者と生計を一にする親族を除く）

・常時使用する従業員が勤務する事務所、店舗、工場等を所有又は賃借

第8章　株式と相続　　205

している こと

・3年以上継続して商品販売や資産の貸付、役務の提供を行っていること

2 後継者の要件

次の要件の全てを満たす必要があります。

・贈与又は相続のときにおいて、後継者とその親族などで議決権総数の過半数を有していること
・同族関係者の中で筆頭株主であること

《相続の場合》

・相続開始から5か月以内に代表者であること

《贈与の場合》

・贈与の時に20歳以上の代表者であり、かつ贈与の直前において3年以上役員であること

《特例措置を受ける場合》

・後継者が複数人いる場合、各後継者が10％以上の議決権を有しており、かつ同族関係者のなかで上位2位（後継者が2人の場合）／3位（後継者が3人の場合）以内であること。全員が代表者でなければならない
・特例承継計画に名前が記載されていること

3 先代経営者の要件

次の要件の全てを満たす必要があります。

・会社の代表者であったこと
・贈与又は相続の直前において、本人とその親族などで議決権総数の過半数を有しており、その中で筆頭株主（後継者を除く）であったこと

《贈与の場合》

・贈与の時に代表者を退任していること

《特例措置を受ける場合》

・特例承継計画に名前が記載されていること

4 継続要件

要件を満たさなくなると、納税猶予が取り消される継続要件には、5年間維持すべき要件と、5年経過後も常に維持しなければならない要件があります。

《5年間維持すべき要件》

・都道府県への年次報告、税務署への継続届出書の提出

・5年間の平均従業員数を承継時の80%を下回らないこと

　……ただし、特例措置の場合、下回った場合でも、一定の書類を提出すると納税猶予は継続されます。

・後継者とその親族の議決権が議決権総数の過半数を下回らないこと

・後継者以外の同族関係者の議決権数が後継者を超えないこと

・贈与者（先代経営者）が代表者にならないこと

・破産、特別清算しないこと

・上場しないこと、風俗営業会社に該当しないこと

・後継者以外が黄金株を有しないこと

・後継者が代表者を退任しないこと

《5年経過後も維持すべき要件》

・5年経過後は3年に1度の税務署への継続届出書の提出

・後継者が納税猶予対象株式を譲渡しないこと

・資産保有型会社等に該当しないこと

・資本金、準備金の額を減少しないこと（無償減資等は除く）

第8章　株式と相続　　207

・清算しないこと

・非適格合併等をしないこと

・主たる事業活動から生じる売上高が0とならないこと

4 特例承継計画

　特例措置の適用を受けるためには、平成30年（2018年）4月1日から平成35年（2023年）3月31日までの5年間の間に、一定事項を記載した特例承継計画を都道府県知事に提出する必要があります。

　特例承継計画に記載すべき事項は、会社情報、現経営者名、後継者名、承継計画、事業承継後の経営計画で、これに認定経営革新等支援機関による所見を添付することになります。

　特例承継計画の提出は、平成35年（2023年）3月31日までの間とされていますが、提出のタイミングは、納税猶予の認定申請をする直前より前か、あるいは同時とされています。

　認定申請とは、納税猶予の適用を受ける旨を都道府県知事に申請する行為で、要件を満たしている場合には都道府県知事より認定書が交付されます。この認定書を添付して贈与税又は相続税の申告をすることにより納税が猶予されることになります。

　認定申請は、贈与税の納税猶予の場合は、贈与した年の10月15日から翌年の1月15日までの間、相続税の納税猶予の場合は、相続があった日から5か月を経過する日の翌日から3か月以内とされています。

208

図8-15　特例承継計画（中小企業庁様式）

様式第 21

施行規則第 17 条第 2 項の規定による確認申請書

（特例承継計画）

年　　月　　日

都道府県知事　殿

郵 便 番 号
会 社 所 在 地
会　　社　　名
電 話 番 号
代表者の氏名　　　　　　　印

　中小企業における経営の承継の円滑化に関する法律施行規則第 17 条第 1 項第 1 号の確認
を受けたいので、下記のとおり申請します。

記

1　会社について

主たる事業内容	
資本金額又は出資の総額	円
常時使用する従業員の数	人

2　特例代表者について

特例代表者の氏名	
代表権の有無	□有　□無（退任日　　年　　月　　日）

3　特例後継者について

特例後継者の氏名（1）	
特例後継者の氏名（2）	
特例後継者の氏名（3）	

4　特例代表者が有する株式等を特例後継者が取得するまでの期間における経営の計画に

第 8 章　株式と相続　　209

ついて

株式を承継する時期（予定）	年　月　〜　　年　月
当該時期までの経営上の課題	
当該課題への対応	

5　特例後継者が株式等を承継した後5年間の経営計画

実施時期	具体的な実施内容
1年目	
2年目	
3年目	
4年目	
5年目	

（備考）
① 用紙の大きさは、日本工業規格A4とする。
② 記名押印については、署名をする場合、押印を省略することができる。
③ 申請書の写し（別紙を含む）及び施行規則第17条第2項各号に掲げる書類を添付する。
④ 別紙については、中小企業等経営強化法に規定する認定経営革新等支援機関が記載する。

（記載要領）
① 「2 特例代表者」については、本申請を行う時における申請者の代表者（代表者であった者を含む。）を記載する。
② 「3 特例後継者」については、該当するものが一人又は二人の場合、後継者の氏名（2）の欄又は（3）の欄は空欄とする。
③ 「4 特例代表者が有する株式等を特例後継者が取得するまでの期間における経営の計画」については、株式等を特例後継者が取得した後に本申請を行う場合には、記載を省略することができる。

（別紙）

認定経営革新等支援機関による所見等

1 認定経営革新等支援機関の名称等

認定経営革新等支援機関の名称	印
（機関が法人の場合）代表者の氏名	
住所又は所在地	

2 指導・助言を行った年月日
　　　　　　年　　　月　　　日

3 認定経営革新等支援機関による指導・助言の内容

5 固定合意と除外合意

　事業承継円滑化法の３本柱の１つである民法の特例が、固定合意と除外合意です。相続に際し、相続人には遺留分が認められています。遺留分とは、相続人の生活の安定や、相続人間での公平を期すために最低限保証された資産承継の権利です。

　経営者の相続財産において自社の株式が占める割合が大きくなることはよくあります。自社株式のほとんどは事業承継により後継者に受け継がれることとなりますが、このことが他の相続人の遺留分を侵害してしまう可能性があります。他の相続人がこれにより遺留分減殺請求をすれば、後継者の会社経営に支障を来たすおそれがあります。

　そこで民法の特例として設けられたのが除外合意と固定合意になります。

1 除外合意

　除外合意は、後継者が前経営者からの贈与により取得した株式については遺留分算定基礎財産の価額に算入しないことを、遺留分を有する相続人全員の合意により決定することをいいます。

2 固定合意

　固定合意は、後継者が前経営者からの贈与により取得した株式については遺留分算定基礎財産の価額に算入すべき価額を、その合意の時における価額とすることを、遺留分を有する相続人全員の合意により決定することをいいます。

3 確認と許可

　遺留分に関する民法の特例を適用させるためには、相続人全員の合意だ

けではなく、経済産業大臣の確認と家庭裁判所の許可を経なければなりません。経済産業大臣への確認申請は、当事者間の合意の日から1か月以内に行わなければならず、家庭裁判所への許可申請は、大臣の確認を受けた日から1か月以内となっています。

4 民法改正の影響

遺留分減殺請求は現物での返還が原則とされているため、会社の株式などが遺留分減殺請求の対象となった場合には、対象の株式が当事者間での共有状態となり、後継者の会社経営に影響があります。

しかし、平成30年7月の民法改正（平成31年1月から段階的に施行予定）により、遺留分減殺請求は遺留分侵害額請求と改められ、現物返還ではなく金銭での解決が可能となります。

ただし、解決のためには莫大な金銭の支払が必要となる可能性があるため、固定合意や除外合意などの遺留分対策は不可欠です。

第8章　株式と相続　213

第 9 章

廃業の実務

廃業手続きの流れ

　本書の主題は廃業と廃業回避です。前章までは廃業を回避するための施策について取り扱ってきましたが、本章ではもう一つの主題である廃業について取り扱います。

　自主的に廃業する場合のみならず、個人成りなどをして法人をなくす場合にも同じ手続きを踏むことになります。

1 廃業と倒産

　廃業と倒産については、第2章において、自主的に会社経営をやめることを「廃業」、経営が行き詰まり会社を存続できないことを「倒産」というと示しました。

　もう一つの視点として、事業の廃止や会社の解散の際に、債権者に対して債務を弁済できるかどうかという点があります。この視点から見ると、「倒産」は、債務を弁済できない状況にあるといえます。

　倒産の手続きは再建型と清算型に分類でき、再建型には民事再生と会社更生の方法が、清算型には破産と特別清算の方法があります。

　清算型の破産や特別清算は会社組織そのものをなくしてしまうことを目的に行われますが、再建型の民事再生や会社更生は、会社を再生させて存続させることを目的とします。

2 解散と清算

解散は会社の業務を終了させることをいいます。一方、清算とは解散に伴い会社の債権債務を整理することをいいます。つまり、会社の事業を終了させることを解散といい、解散後の後片付けが清算であると考えて差し支えありません。

解散については会社法第471条に規定があり、次の事由によって解散することとされています。

① 定款で定めた存続期間の満了
② 定款で定めた解散の事由の発生
③ 株主総会の決議
④ 合併（合併により当該株式会社が消滅する場合に限る）
⑤ 破産手続開始の決定
⑥ 解散を命ずる裁判

自主的に会社を廃業する場合の解散は、このうち③株主総会の決議を経る必要があります。

清算については会社法の第2編第9章が充てられており、第475条から第574条までに規定されています。

廃業に伴い会社を解散することは、株主総会の決議で済みますが、会社を清算するための手続きについてはより詳細な規定が定められています。

3 解散・清算手続きの流れ

会社の解散、清算手続きの流れは次頁の通りです。

218

図9-1 解散・清算の流れ

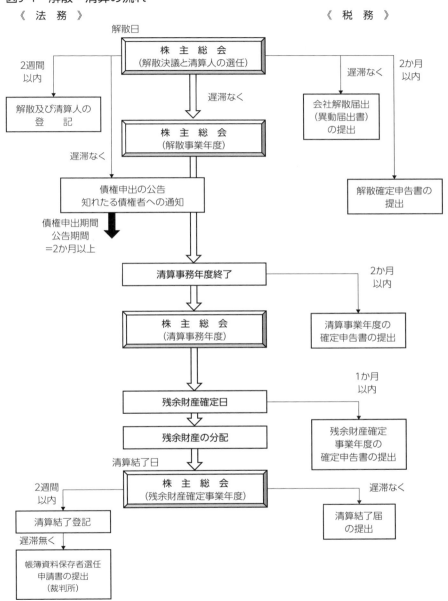

第９章 廃業の実務　219

会社の解散については、株主総会の特別決議によります。解散決議と同時に、清算人の選任決議を行います。この決議を行った株主総会日が解散日となります。

　解散の決議と同時に、会社の営業事務を終え、清算事務を開始することになります。

　解散日より２週間以内に解散及び清算人の登記を行います。また、所轄税務署長に対し解散届出書（異動届出書）を提出します。

　解散日から遅滞なく株主総会を開催し、解散日の財産目録と解散事業年度の貸借対照表の承認をします。なお、解散確定申告書は解散日から２か月以内に提出しなければなりません。

　また、解散日より２か月以内に、債権申出の公告と、知れたる債権者への通知をしなければなりません。これは当該会社の債権者に対して、会社を解散させるので、債権がある旨を申し出てもらうための措置です。期間は２か月以上とされています。

　清算事務年度が終了すると、終了から２か月以内に株主総会を開催し、貸借対照表の承認、事務報告等を行ったうえで、清算事業年度の確定申告書を提出しなければなりません。

　残余財産が確定したら、株主総会を開催し、決算報告をし、承認をします。この日が清算結了日となります。清算結了日より２週間以内に清算結了登記をします。

　残余財産確定日から１か月以内に清算結了届出を税務署等に提出し、残余財産確定事業年度の確定申告をします。

　また、清算結了登記後遅滞なく裁判所に対し、帳簿資料保存者選任申請書を提出することになりますが、清算人が書類保存者となる場合には不要です。

　これが解散、清算の一連の流れになります。

第**2**節 解　散

　解散は株主総会により決議することになります。また、解散後には解散登記が必要です。株主総会で清算人が選任され、清算人が清算の事務を行います。

1 株主総会の解散決議

　会社の解散はまず取締役会で決議され、次いで株主総会で決議されます。株主総会の開催には、開催の2週間前までに株主総会の招集通知を発送しなければなりません。株主総会で解散を決議するには、特別決議が必要です。解散決議と同時に清算人の選任決議を行うこととなります。

　清算人とは、法人を解散する際の清算の職務を担当する者をいいます。株主総会の決議により選任されるか、定款で定める者、取締役などが就任します。基本的には清算する会社の代表取締役が清算人に就任することになります。清算人が複数いる場合は清算人会を組織することになります。

　株主総会を開催した日が解散日となり、解散日が新しい事業年度末（清算事務年度末）となるので、従来の決算日に合わせる事で決算事務を軽減することができます。

2 解散登記と清算人の登記

　解散日から2週間以内に解散登記と清算人の登記を行う必要があります。登記には、解散株主総会議事録、原本証明を付した定款、清算人の就任承諾書、印鑑届出書などの資料の提出が必要となります。

第9章　廃業の実務　　221

図9-2　解散決議議事録の例

臨時株式総会議事録

1．開催日時　平成＊＊年＊＊月＊＊日
　　　　　　　開会　午前10時00分
　　　　　　　閉会　午前11時00分
2．会　　場　当会社本店会議室
3．出 席 者　発行済株式総数　　　　　　　　1,000株
　　　　　　　この議決権を有する総株主数　　　10名
　　　　　　　この議決権の数　　　　　　　　1,000個
　　　　　　　本日出席株主数　　　　　　　　　10名
　　　　　　　この議決権の個数　　　　　　　1,000個
4．議　　長　代表取締役　　●●●●

　議長は、開会を宣し、上記のとおり定足数にたる株主の出席があったので、本総会は適法に成立した旨を述べ、議案の審議に入った。

第1号議案　当社解散の件

　議長は、解散のやむを得ざるに至った事情を詳細に説明し、本日をもって解散することの賛否を求めたところ、全員異議なく承認した。

第2号議案　解散に伴う清算人選任の件

　議長は、解散に伴い清算人に、●●●●を選任したい旨を諮ったところ、全員これを承認し、被選任者は席上その就任を承諾した。

　以上をもって本日の議事が終了したので、議長は閉会を宣した。上記の決議を明確にするため本議事録を作成し、本議事録作成者が記名押印する。

平成＊＊年＊＊月＊＊日

　　　　　　株式会社●●産業　臨時株主総会
　　　　　　議事録作成者　議長・代表取締役　●●●●　印

3 解散後の株主総会

清算人は、会社の財産の状況を調査し、解散日における財産目録と貸借対照表を作成します。財産目録と貸借対照表は株主総会を開催し、承認を受ける必要があります。

この株主総会は、解散日後遅滞なく行う必要があります。よって、清算人は早急に会社財産の状況を調査する必要があります。

この株主総会は臨時株主総会にあたります。株主総会の招集には原則2週間前までの招集通知を発送する必要がありますが、招集通知への財産目録と貸借対照表の添付は不要です。

財産目録の作成については後述します（232頁）。

4 会社解散届の提出

会社が解散した場合には、遅滞なく税務署、都道府県、市町村に会社解散届を提出する必要があります。

会社解散届は異動届出書の様式により提出する事になります。**図9-3**に税務署提出様式の記載例を掲示いたします。

異動事項に「解散」と「事業年度」を記載します。

「解散」については異動後の欄に選出された清算人（複数の場合は代表清算人）の氏名と住所を記載します。異動年月日は解散日で、括弧書きで登記年月日も記載します。

「事業年度」は、清算事務年度が事業年度と異なる場合に記載します。事業年度の末日を解散日とした場合には、異動はありません。

都道府県、市町村はそれぞれ定められた異動届出書のひな形がありますが、基本的に記載事項は同じです。

第9章 廃業の実務　　223

図9-3　会社解散届の記載例

異 動 届 出 書

※整理番号			
※届グループ整理番号			

税務署受付印

平成 30 年 11 月 8 日

●● 税務署長殿

次の事項について異動したので届け出ます。

提出法人

☑□□□□
単体法人／連結親法人／連結子法人／連結親法人となる法人／連結子法人となる法人

（フリガナ）		
本店又は主たる事務所の所在地	〒 ●●県△△市＊＊　電話（　　）　－	
（フリガナ）		
納　税　地	〒 -　同上	
（フリガナ）		
法人等の名称	○○商店　株式会社	
法　人　番　号		
（フリガナ）		
代表者氏名	○○　○○　　　　　㊞	
（フリガナ）		
代表者住所	〒 ●●県△△市＊＊	

異動のあった　□連結親法人　□連結子法人　□連結親法人となる法人　□連結子法人となる法人

異動のあった法人に係る（提出法人の場合は記載不要）

（フリガナ） 法人名等			整理番号	
納　税　地 （本店又は主たる事務所の所在地）	〒 -　（局　署） 電話（　　）　－		部門	
		※税務署処理欄	決算期	
（フリガナ） 代表者氏名			業種番号	
			整理簿	
代表者住所	〒 -		回付先	□ 親署 ⇒ 子署　□ 子署 ⇒ 調査課

異動事項等	異　動　前	異　動　後	異動年月日（登記年月日）
解散		代表清算人　○○○○　住所　●●県△△市＊＊	30.10.31（30.11.2）
事業年度	4月1日～3月31日	11月1日～10月31日	30.10.31
所轄税務署	税務署	税務署	

納税地を変更した場合	給与支払事務所等の移転の有無　□ 有　□ 無（名称等変更有）　□ 無（名称等変更無）　※　「有」及び「無（名称等変更有）」の場合には「給与支払事務所等の開設・移転・廃止届出書」を提出してください。
事業年度を変更した場合	変更後最初の事業年度：（自）平成　　年　　月　　日 ～（至）平成　　年　　月　　日
合併、分割の場合	合併　□ 適格合併 □ 非適格合併　　分割　□ 分割型分割　：　□ 適格 □ その他　　□ 分社型分割　：　□ 適格 □ その他
（備　考）	

税 理 士 署 名 押 印	㊞

規格A4

※税務署処理欄	部門		決算期	業種番号		番号		入力		名簿	

29.04 改正

5 解散確定申告

　会社が解散した場合には、その事業年度の確定申告書を、解散日の翌日から2か月以内に提出し、申告税額を納付しなければなりません。会社解散の日が事業年度の末日である場合は、通常の事業年度の申告と同じですが、期中に解散をした場合は、事業年度開始の日から解散の日までを1事業年度とみなして申告することになります。

　確定申告書の提出期限の延長の特例の適用も認められています。

6 債権申出の催告手続き

　清算会社が債務を弁済する場合、債権申出の催告手続きをとらなければ、債権者に対して債務を弁済することはできません。

　債権申出の催告手続きは、債権者に会社が解散した旨を通知する手続きで、官報による公告と、文書による個別の通知があります。

　債権申出の催告は、解散日後遅滞なく行う必要があります。

1 債権申出の公告

　債権申出の催告を公告により行う方法で、必ず官報に掲載しなければなりません。いわゆる解散公告といわれるものです。公告は1回すればよく、公告掲載日の翌日から起算して最低2か月は債権申出の期間としなければなりません。

　原則として債権申出の催告期間中に債務の弁済を行うことはできません。

　また、債権者が債権申出の催告期間内に申出をしなかった場合には、当該債権者は清算からは除斥されることになります。

　除斥された債権者は分配がされていない残余財産に対してのみ弁済を請

第9章　廃業の実務　　225

求できることとなります。

なお、官報の号外への公告掲載は申し込み日から3週間程度を要し、掲載料もかかります。

② 知れたる債権者への通知

会社の帳簿記録等により判明している債権者を知れたる債権者といい、個別に債権申出の催告をしなければなりません。

催告は1回すればよいのですが、債権申出の期間は2か月を下回ってはならないこととされています。

知れたる債権者については、債権申出期間中に債権の申出がなくても、清算から除斥することはできません。

知れたる債権者への通知は、一般的に郵送により行います。

図9-4　解散公告の掲載例

解散公告

当社は、平成○○年○月○○日開催の株主総会の決議により解散いたしましたので、当社に債権を有する方は、本公告掲載の翌日から二箇月以内にお申し出下さい。

なお、右期間内にお申し出がないときは清算から除斥します。

平成○○年×月×日

××県▼▼市＊＊＊＊

○○商事株式会社

代表清算人　●●　●●

図9-5　知れたる債権者への通知の例

＿＿＿＿＿＿＿＿殿

平成＊＊年＊＊月＊＊日

××県▼▼市＊＊＊＊
○○商事株式会社
代表清算人　●●　●●　㊞

催　告　書

拝啓　時下益々ご清栄のこととお慶び申し上げます。

さて、当社は、臨時株主総会の決議により平成＊＊年＊＊月＊＊日に解散しましたので、来る平成＊＊年＊＊月＊＊日までに貴殿の当会社に対する債権をお申し出ください。

以上、会社法第499条の規定にしたがい、本書をお送りいたします。

敬具

7 清算事務年度の株主総会と確定申告

　会社の解散の日の翌日から始まる各1年間を清算事務年度といいます。会社の解散の日から1年以内に清算が結了しなかった場合は、1年ごとに決算期をむかえ、定時株主総会を開催することになります。

　清算事務年度終了後の定時株主総会では、貸借対照表の承認と、清算人による事務報告がなされます。

　清算人の解任についても、株主総会の決議により決定することができます。清算人の解任は定時株主総会のほか、臨時株主総会においても決議す

第9章　廃業の実務　　227

ることができます。

　清算事務年度が終了した場合には、当該年度の確定申告書を所轄税務署長に提出する必要があります。この場合の申告期限は事務年度終了の日の翌日から2か月以内となっています。

　確定申告書の提出期限の延長の特例の適用も認められています。

8 残余財産の確定と分配

　残余財産とは、会社の債務を完済した後に残っている財産のことをいいます。

　残余財産が確定すると、分配が行われます。

　残余財産の分配については、株主平等の原則により、株主の有する株式の数に応じて按分しなければなりません。

　ただし、種類株式を発行している場合には、種類株式の内容に応じて異なる割り当てを定めることができます。

　残余財産の分配が終了すると、清算事務が終了したこととなります。

　また、残余財産確定の日の翌日から1か月以内に残余財産確定事業年度の確定申告書の提出をしなければなりません。

　ただし残余財産の最後の分配が1か月以内に行われる場合は、その分配の日の前日までに残余財産確定事業年度の確定申告書を提出しなければなりません。

9 清算結了

　清算事務が終了すると、株主総会を開催して決算報告を承認します。この承認をもって会社の清算は結了することとなります。

株主総会の開催日が清算結了日となります。

清算結了の株主総会後2週間以内に清算結了の登記をしなければなりません。登記申請には、**図9-6**のような議事録を添付することとなります。

また、会社の清算が結了した場合には遅滞なく税務署、都道府県、市町村に対し清算結了届を提出しなければなりません。

記載例は**図9-7**の通りです。異動事項等に「清算結了」と記載し、異動年月日には株主総会の日を、括弧書きで登記の日を記載します。

確定申告は残余財産確定日を基準に提出期限が決まりますが、清算結了届は清算結了日を基準としている点に注意が必要です。

登記が完了し、清算結了届を提出すれば、一連の解散・清算手続きは終了となります。

ただし、清算会社の帳簿や資料は清算結了登記後10年間は保存しなければなりません。通常は清算人が保存者となりますが、清算人が保存者となり得ない場合は、裁判所に対し「帳簿資料保存者選任申立書」を提出して帳簿書類の保存者を選任してもらう必要があります。

第9章　廃業の実務　　229

図9-6 清算結了日の株主総会議事録の例

臨時株式総会議事録

1．開催日時　平成＊＊年＊＊月＊＊日
　　　　　　　開会　午前10時00分
　　　　　　　閉会　午前11時00分
2．会　　場　当会社本店会議室
3．出 席 者　発行済株式総数　　　　　　　　1,000株
　　　　　　　この議決権を有する総株主数　　　10名
　　　　　　　この議決権の数　　　　　　　　1,000個
　　　　　　　本日出席株主数　　　　　　　　　10名
　　　　　　　この議決権の個数　　　　　　　1,000個
4．議　　長　清算人　●●●●

　議長は、開会を宣し、上記のとおり定足数にたる株主の出席があったので、本総会は適法に成立した旨を述べ、議案の審議に入った。

第１号議案　清算事務報告書承認の件

　議長は、当社の清算結了に至るまでの経緯を報告し、別紙清算事務報告書の承認を求めたところ、全員異議なくこれを承認した。

　以上をもって本日の議事が終了したので、議長は閉会を宣した。上記の決議を明確にするため本議事録を作成し、本議事録作成者が記名押印する。

平成＊＊年＊＊月＊＊日

　　　　　株式会社●●産業　臨時株主総会
　　　　　議事録作成者　議長・清算人　●●●●　印

図9-7 清算結了届の記載例

異　動　届　出　書

※整理番号

※連結グループ整理番号

提出法人	（フリガナ）	
☑□□□□ 単体法人 連結親法人 連結子法人 連結親法人となる法人 連結子法人となる法人	本店又は主たる事務所の所在地	〒 ○○県○○市○○＊＊-＊＊-＊＊ 電話（　　）　　－
	（フリガナ）	
	納　税　地	〒
	（フリガナ）	
	法人等の名称	○○商事　株式会社
	法　人　番　号	｜｜｜｜｜｜｜｜｜｜｜｜｜
	（フリガナ）	
	代表者氏名	代表清算人　●●　●●　㊞
	（フリガナ）	
	代表者住所	〒 ●●県××市×××××-＊

平成＊＊年 2 月 20 日

＊＊税務署長殿

次の事項について異動したので届け出ます。

異動のあった　□提出法人の場合は記載不要　□連結親法人　□連結子法人　異動のあった法人　□連結親法人となる法人　□連結子法人となる法人　異動のあった法人に係る

（フリガナ）			整理番号	
法　人　名　等			部　門	
納　税　地 (本店又は主たる事務所の所在地)	〒　　　　　（　局　署） 電話（　　）　　－	※税務署処理欄	決算期	
（フリガナ）			業種番号	
代表者氏名			整理簿	
代表者住所	〒		回付先	□ 親署 ⇒ 子署 □ 子署 ⇒ 調査課

異動事項等	異　動　前	異　動　後	異動年月日 （登記年月日）
清算結了			＊＊.2.12 （＊＊.2.18）
所轄税務署	税務署	税務署	

納税地を変更した場合	給与支払事務所等の移転の有無　□ 有　□ 無（名称等変更有）　　　□ 無（名称等変更無）
	※　「有」及び「無（名称等変更有）」の場合には「給与支払事務所等の開設・移転・廃止届出書」を提出してください。

事業年度を変更した場合	変更後最初の事業年度：(自)平成　　年　　月　　日 ～ (至)平成　　年　　月　　日

合併、分割の場合	合　併	□ 適格合併 □ 非適格合併	分　割	□ 分割型分割 ： □ 適格 □ その他 □ 分社型分割 ： □ 適格 □ その他

（備　考）

税理士署名押印	㊞

※税務署処理欄	部門		決算期		業種番号		番号		入力		名簿	

（規格A4）

29.04改正

第９章　廃業の実務　231

第3節　経理処理と税務

　第2節では解散・清算の一連の流れを、順を追ってみてきましたが、ここでは解散・清算において行われる経理処理の論点を取り扱います。

1 解散時に作成すべき財務書類

　解散時に清算人が作成すべき財務書類は財産目録と貸借対照表になります。

　この財務書類は解散日から遅滞なく開催される株主総会で承認されますので、清算人はすみやかにこれらの書類を作成しなければなりません。

　なお、ここでいう財務書類は会社法により作成が要請されるものであり、法人税法によるものとは異なります。

❶ 財産目録

　会社が解散すると、清算人は解散日の財産目録と解散事業年度の貸借対照表を作成します。

　財産目録は資産、負債、正味資産の内訳明細で、財産目録に計上すべき財産は原則として処分価格を付さなければなりません。

　ただし、時価評価の方法は概ね次の通りです。

232

科　目	計算方法
【 資　産 】	
預　金	解散日までの経過利息を未収入金に計上
売掛金等の金銭債権	貸倒見込み額と取り立て費用を控除した額
貸付金	貸倒見込み額と取り立て費用を控除した額 解散日までの利息を未収入金に計上
棚卸資産	売却可能価額から売却費用を控除した額
有価証券	時価などの処分可能額から処分費用を控除した額
前払費用、仮払金	契約解除による回収可能額を未収入金に計上 それ以外は 0 評価
固定資産	時価などの処分可能額から処分費用を控除した額
土　地	時価などの処分可能額から処分費用を控除した額 更地にして処分する場合は解体費用を控除した額
無形固定資産	原則 0 評価 処分できる場合は、処分可能額から処分費用を控除した額
繰延資産	原則 0 評価 契約解除による回収が可能な場合は未収入金に計上
【 負　債 】	
未払金	清算結了までの費用を未払金に計上
借入金	解散日までの経過利息を未払金に計上
法人税等	未払金に概算計上

　財産目録は金額だけでなくその明細を作成する必要があります。財産目録の記載例を下記に示します。摘要欄には科目の内訳や財産の所在などを記載します。

第 9 章　廃業の実務　　233

図9-8　財産目録の例

財　産　目　録		
		平成＊＊年10月31日（解散日）現在

【資産の部】

科　目	摘　　要	金　額
現金預金	普通預金（＊＊銀行＊＊支店）	＊＊＊＊＊＊
	当座預金（＊＊銀行＊＊支店）	＊＊＊＊＊＊
売掛金	債権者：＊＊㈱ほか	＊＊＊＊＊＊
土地	＊＊県＊＊市＊＊-＊＊	＊＊＊＊＊＊
有価証券	㈱＊＊	＊＊＊＊＊＊
資産の部　合計		＊＊＊＊＊＊

【負債の部】

科　目	摘　　要	金　額
借入金	＊＊銀行	＊＊＊＊＊＊
未払金	従業員給与（10月分）	＊＊＊＊＊＊
	法人税（＊＊税務署）	＊＊＊＊＊＊
	清算手続申告報酬（＊＊会計事務所）	＊＊＊＊＊＊
負債の部　合計		＊＊＊＊＊＊

【正味資産の部】

差引　正味資産の部	＊＊＊＊＊＊

2 貸借対照表

　解散時の貸借対照表は、前述の財産目録に基づき作成することになります。つまり、この貸借対照表は帳簿価額ではなく、処分価額（時価）で作成されます。ただし、全ての資産を処分価額で評価することはできません

ので、注記により財産評価の方法を記載することになります。

　貸借対照表の形式は通常の貸借対照表と同様で、資産の部、負債の部、純資産の部で構成されます。

2 清算事務年度の財務書類

　清算事務年度ごとに作成が必要な財務書類は貸借対照表と事務報告、そしてこれらの附属明細書になります。

　通常の事業年度であれば作成が必要な損益計算書や株主資本等変動計算書は作成が不要とされています。

1 事務報告

　事務報告は清算に関する事務の執行状況に係る重要な事項を記載することとされていますが、具体的な記載項目は定められていません。

　一般的には、その清算事業年度における収入と支出の状況、今後の清算事務の見通しなどを記載すればよいとされています。

2 貸借対照表

　清算事務年度の貸借対照表も解散時の貸借対照表と同様に時価で作成するものと解されています。

　清算事務に時間がかかり、解散日からかなりの日数が経過している場合には、時価評価を評価し直す必要があります。

3 残余財産分配時の経理処理

　残余財産の分配は、株主に対する出資持分の払い戻しになります。よっ

第9章　廃業の実務　　235

て、残余財産分配時の仕訳処理は次の通りになります。

純資産　******　/　現金預金　******

　清算時には残余財産のほとんどは現金預金になっています。一部有価証券や固定資産を分配する場合もありますが、この場合には貸方の勘定科目を有価証券や土地などとして仕訳処理します。

　残余財産の分配が済めば、貸借対照表の純資産は０となります。一部清算が済んでいない未払金や未払法人税等が負債として残り、それに相当する現金預金が資産に残ります。

4　清算結了時に作成すべき財務書類

　清算が結了した場合に作成すべき財務書類は決算報告です。決算報告には、清算期間内に取り立てた債権額と、債務の弁済、費用の支払をした額、残余財産の額と１株当たりの分配額を記載します。

　残余財産の分配についてはその期日も記す必要があり、金銭以外の財産を分配した場合にはその種類と価額も記載しなければなりません。

　最後に、資産と負債がともになくなった旨を記載します。残存債務が残っているような記載をすると、債務免除の証明を求められますので、資産負債ともに０になった後に決算報告を作成しなければなりません。

　この決算報告は清算結了登記の際、添付資料として提出が必要となります。

図9-9 決算報告書の記載例

清算事務及び決算報告書

１．平成＊＊年＊＊月＊＊、会社財産の現況を調査のうえ、財産目録及び貸借対照表を作成し、平成＊＊年＊＊月＊＊日開催の株主総会においてその承認を受けた。

２．平成＊＊年＊＊月＊＊日から平成＊＊年＊＊月＊＊日までの期間内に取り立てた債権の総額は、金＊＊＊＊＊＊円である。

３．債務の弁済、清算に係る費用の支払等による費用の額は、金＊＊＊＊＊＊円である。

４．現在の残余財産の額は、金＊＊＊＊＊＊円である。

５．平成＊＊年＊＊月＊＊日、清算換価実収額金＊＊＊＊＊＊円を次のとおり株主に分配した。

　　　　　１株当たりの分配金　　金＊＊＊＊＊＊円

　　　　（発行済株式＊＊＊株、分配総額金＊＊＊＊＊円）

６．以上の結果、資産も負債も０となった。

上記のとおり清算結了したことを報告する。

　　　　　　　　　　　　　　　　　平成＊＊年＊＊月＊＊日

　　　　　　　　　　　　　　　　　株式会社○○○○

　　　　　　　　　　　　　　　　　代表清算人　　●●　●●　㊞

第９章　廃業の実務

第4節 解散・清算の税務

　会社を解散・清算させる場合、確定申告を都合3度行う必要があります。解散事業年度の確定申告、清算事業年度の確定申告、残余財産確定事業年度の確定申告です。清算会社の事業年度は残余財産確定の日をもって終了するとされていますので、解散日より1年を経ないで残余財産確定の日を迎えた場合、2度の申告が必要です。

　これらの申告の際の、所得金額等の計算上の論点をみていきます。

1　解散事業年度の確定申告

　解散事業年度の決算期間は12か月未満となることがあります。それゆえ、所得計算上では、按分計算に注意を払わなくてはなりません。

　また、財産目録と貸借対照表を時価評価して作成するために生じる評価差損益についても論点があります。

1 按分計算

　1事業年度が12か月に満たない場合は、按分計算が必要です。減価償却費を計算する際は改定償却率を適用する必要があります。

　中小法人の軽減税率適用所得金額や、法人住民税均等割額についても月数に応じて按分計算が必要です。

　また、交際費の損金算入限度額の計算や、一般寄付金の損金算入限度額の計算についても月数に応じて按分計算が必要となります。

- 中小法人の軽減税率適用所得金額

  800万円×解散事業年度の月数／12か月（1月未満切上）
- 法人住民税均等割額

  均等割額×解散事業年度の月数／12か月（1月未満切捨）

2 適用できない制度

　解散事業年度においては、中小企業者等が機械等を取得した場合の特別償却や試験研究を行った場合の法人税額の特別控除など一定の特別償却や特別控除の適用ができないこととされています。

3 評価差損益

　財産目録や貸借対照表を解散時の時価で作成するのは会社法による要請です。一方、法人税法では評価替えすることは認められていませんので、益金や損金への算入はありません。

　このため、解散事業年度の確定申告書に添付する貸借対照表、損益計算書、株主資本等変動計算書、勘定科目内訳書については通常の事業年度と同様に作成したものとなります。

4 欠損金の繰越控除、繰戻還付

　解散事業年度であっても、欠損金の繰越控除と繰戻還付を適用することは認められています。

　ただし、繰戻還付については解散の日前1年以内に終了した事業年度又は解散の日を含む事業年度を欠損事業年度とする特別措置があります。

　ゆえに、解散事業年度が1年に満たない場合の欠損事業年度と還付所得事業年度との関係は次の通りになります。

イ	当　　期 (解散事業年度)	赤字	
	前　　期	赤字	欠損事業年度
	前々期	黒字	還付所得事業年度
ロ	当　　期 (解散事業年度)	黒字	
	前　　期	赤字	欠損事業年度
	前々期	黒字	還付所得事業年度
ハ	当　　期 (解散事業年度)	赤字	欠損事業年度
	前　　期	黒字	還付所得事業年度

イの場合、解散事業年度である当期が赤字で、前期も赤字であれば、前期が欠損事業年度となり、前々期が還付所得事業年度となります。

ロの場合、解散事業年度である当期が黒字で、前期が赤字であれば、前期が欠損事業年度となり、前々期が還付所得事業年度となります。

ハの場合、解散事業年度である当期が赤字で、前期が黒字であれば、当期が欠損事業年度となり、前期が還付所得事業年度となります。

2 清算事業年度の確定申告

清算事業年度の確定申告についても、解散事業年度の確定申告と同様に行います。清算事業年度の確定申告においてのみ適用できる制度は、期限切れ欠損金の損金算入です。

1 期限切れ欠損金の損金算入

会社が解散し、債務超過などにより残余財産がないと見込まれるときに

は、期限切れ欠損金の損金算入が認められています。これは、残余財産が無いにもかかわらず、債務免除益等のために課税所得が生じてしまうことに対する対応です。

　期限切れ欠損金の損金算入限度額の計算は次の通りです。

$$\begin{array}{c}\text{期限切れ欠損金の}\\\text{損金算入限度額}\end{array} = \begin{array}{c}\text{前期までに繰り越された}\\\text{欠損金の合計額}\end{array} - \begin{array}{c}\text{その清算事業年度に損金}\\\text{算入される青色欠損金等}\end{array}$$

　このうち、前期までに繰り越された欠損金の合計額は別表五（一）31①欄がマイナス数値の場合に該当します。

　適用時には、別表七（三）（次頁）を作成し、残余財産がないと見込まれることを証明する書類の添付が要求されます。

　解散事業年度での適用ではなく、清算事業年度での適用という点に注意が必要です。

2 **中間申告**

　清算事業年度が 6 か月を越える場合であっても中間申告をする必要はありません。

⑤	民事再生等評価換えが行われる場合以外の再生等欠損金の損金算入及び解散の場合の欠損金の損金算入に関する明細書				事業年度	・ ・ ・ ・	法人名			別表七(三)　平三十一・四・一以後終了事業年度分

債務免除等による利益の内訳	債務の免除を受けた金額	1	円	所得金額差引計 (別表四「39の①」)－(7)	9	円
	私財提供を受けた金銭の額	2				
	私財提供を受けた金銭以外の資産の価額	3		当　期　控　除　額 ((4)、(8)と(9)のうち少ない金額)	10	
	計 (1)＋(2)＋(3)	4				
欠損金額等の計算	適用年度終了の時における前期以前の事業年度又は連結事業年度から繰り越された欠損金額及び個別欠損金額	5		調整前の欠損金の翌期繰越額 (13の計)	11	
	適用年度終了の時における資本金等の額 (別表五(一)「36の④」) (プラスの場合は0)	6	△			
	欠損金又は災害損失金の当期控除額 (別表七(一)「4の計」)	7		欠損金額からないものとする金額 ((10)と(11)のうち少ない金額)	12	
	差引欠損金額 (5)－(6)－(7)	8				

欠　損　金　の　翌　期　繰　越　額　の　調　整

発生事業年度	調整前の欠損金の翌期繰越額 (別表七(一)「3」-「4」)	欠損金額からないものとする金額 〔当該発生事業年度の(13)と((12)－当該発生事業年度前の(14)の合計額)のうち少ない金額〕	差引欠損金の翌期繰越額 (13)－(14)
	13	14	15
・ ・ ・ ・	円	円	円
・ ・ ・ ・			
・ ・ ・ ・			
・ ・ ・ ・			
・ ・ ・ ・			
・ ・ ・ ・			
・ ・ ・ ・			
・ ・ ・ ・			
・ ・ ・ ・			
・ ・ ・ ・			
計			

法　0301－0703

3 残余財産確定事業年度の確定申告

　残余財産確定事業年度については、その法人にとって最後の確定申告となるため、他の確定申告と異なる部分が多く存在します。注意点は次の通りです。

■1 債務免除益

　弁済ができない債務については債務免除により残余財産を確定させますが、債務免除益が益金に算入されます。

■2 事業税

　事業税の損金算入の時期は申告書が提出された日を含む事業年度ですが、残余財産確定事業年度には翌年度が存在しないので、残余財産確定事業年度の事業税についてはその年度において損金に算入することとなります。

■3 中間申告

　残余財産確定事業年度についても中間申告は不要となります。

4 みなし配当

　残余財産を分配したときには、みなし配当が生じる場合があります。みなし配当金額は残余財産分配額から払戻等対応資本金額等の額を控除して計算します。

　みなし配当金額 ＝ 残余財産分配額 － 払戻等対応資本金等の額

$$払戻等対応資本金等の額 ＝ 分配直前資本金等の額 － \frac{残余財産分配額}{分配直前期末簿価純資産価額}$$
　　　　　　　　　　　　　　　　　　　　　　　　（小数点3位未満切上げ）

第9章　廃業の実務　　243

残余財産の分配をし、みなし配当が生じた場合には、会社はその支払の際に源泉所得税を徴収し、徴収日の翌月10日までに納付しなければなりません。

また、残余財産の分配を受けた株主についても課税関係が生じることとなります。

株主が個人である場合には所得税が課税されます。

残余財産の分配は有価証券の譲渡とみなして、譲渡所得税が課税されます。残余財産がまったくなかった場合には、譲渡損には該当しないため、損益通算できないこととされています。

みなし配当部分については、配当所得として所得税が課税されますが、源泉所得税は、その年度の確定申告による所得税額から控除することができます。

株主が法人である場合、みなし配当については受取配当等の益金不算入の規定が適用されます。

5 届 出

会社を解散・清算した場合の届出には異動届の他に、給与支払事務所の廃止届出書、消費税の納税義務者でなくなった旨の届出書などがあります。

図9-10 支払調書合計表の記載例

平成**年分 配当等とみなす金額に関する支払調書合計表

税務署受付印

平成　　年　　月　　日提出

**税務署長 殿

提出者		
所在地	△△県□□市×××-*-** 電話（　　　－　　　　－　　　　）	法人番号⑫
フリガナ 名称	株式会社 ○○産業	
フリガナ 代表者氏名印	●● ●● 印	

処理事項

	通信日付印	検収	整理簿登載
※	・ ・	※	※ 有・無

整理番号		提出媒体	本店一括
調書の提出区分（新規＝1，追加＝2，訂正＝3，無効＝4）			
作成担当者			
税理士番号（　　－　　　　－　　　　）			
作成税理士署名押印		印	
電話（　　　－　　　　－　　　　）（第　・　回）			

支払確定年月日

区分		株主数（出資者数）	数又は出資の口数	配当とみなされる金額	源泉徴収税額
居住者又は内国法人に支払うもの	一般分	5 人	旧100株（口）　新 〃	36,000,000 円	7,351,200 円
	非課税分				
非居住者又は外国法人に支払うもの	一般分				
	軽減分				
	非課税又は免税分				
計		5 人	旧100株（口）　新 〃	36,000,000	7,351,200
摘要		1株（口）当たり配当とみなされる金額 360,000 円			

左のうち、支払調書を提出するものの合計

	株主数（出資者数）	数又は出資の口数	配当とみなされる金額	源泉徴収税額
	5 人	旧100株（口）　新 〃	36,000,000 円	7,351,200 円
			36,000,000	7,351,200

（支払調書提出省略分を含む。）みなし配当の総額

○ 提出媒体欄には、コードを記載してください。（電子＝14，FD＝15，MO＝16，CD＝17，DVD＝18，書面＝30，その他＝99）
（注）平成27年分以前の合計表を作成する場合には、「法人番号」欄に何も記載しないでください。

（用紙　日本工業規格　Ａ４）

図9-11　給与支払事務所等の廃止届出書の記載例

※整理番号

給与支払事務所等の~~開設・移転・~~（廃止）届出書

事務所開設者	住所又は本店所在地	〒 △△県□□市 ××××-×× 電話（　　　）　　　－
	（フリガナ）	
	氏名又は名称	○○産業　株式会社
	個人番号又は法人番号	↓個人番号の記載に当たっては、左端を空欄とし、ここから記載してください。
	（フリガナ）	
	代表者氏名	●●　●● ㊞

平成　　年　　月　　日

＊＊ 税務署長殿

所得税法第230条の規定により次のとおり届け出ます。

（注）　「住所又は本店所在地」欄については、個人の方については申告所得税の納税地、法人については本店所在地（外国法人の場合には国外の本店所在地）を記載してください。

| ~~開設・移転・~~（廃止）年月日 | 平成 ＊＊ 年 ＊＊ 月 ＊＊ 日 | 給与支払を開始する年月日 | 平成　　年　　月　　日 |

○届出の内容及び理由
（該当する事項のチェック欄□に✓印を付してください。）

		「給与支払事務所等について」欄の記載事項
		開設・異動前	異動後
開設	□ 開業又は法人の設立	
	□ 上記以外 ※本店所在地等とは別の所在地に支店等を開設した場合	⇒ 開設した支店等の所在地	
移転	□ 所在地の移転	⇒ 移転前の所在地	移転後の所在地
	□ 既存の給与支払事務所等への引継ぎ （理由）□ 法人の合併　□ 法人の分割　□ 支店等の閉鎖　□ その他（　　　　　　　　）	⇒ 引継ぎをする前の給与支払事務所等	引継先の給与支払事務所等
廃止	☑ 廃業又は清算結了　□ 休業	
その他（　　　　　　　　　　　）		⇒ 異動前の事項	異動後の事項

○給与支払事務所等について

	開設・異動前	異動後
（フリガナ）		
氏名又は名称		
住所又は所在地	〒 電話（　　　）　　　－	〒 電話（　　　）　　　－
（フリガナ）		
責任者氏名		

| 従事員数 | 役員 | 人 | 従業員 | 人 | （　　）人 | （　　　）人 | （　　）人 | 計 | 人 |

（その他参考事項）

| 税理士署名押印 | | ㊞ |

| ※税務署処理欄 | 部門 | 決算期 | 業種番号 | 入力 | 名簿等 | 用紙交付 | 通信日付印 | 年 月 日 | 確認印 |
| | 番号確認 | 身元確認 □ 済 □ 未済 | 確認書類 個人番号カード／通知カード・運転免許証 その他（　　　　　　　） | | | | | | |

（規格A4）

29.04 改正

解散・清算時の労務手続き

会社を解散・清算させたときの労務手続きについては、社会保険、厚生年金、労働保険についての手続きが必要となります。

1 社会保険

会社を解散させた際には、年金事務所に「健康保険・厚生年金保険適用事業所全喪届」と「健康保険・厚生年金保険被保険者資格喪失届」を提出します。

❶ 健康保険・厚生年金保険適用事業所全喪届

健康保険・厚生年金保険適用事業所全喪届は解散の登記をした日から5日以内に年金事務所に提出しなければなりません。

解散登記の記載のある法人登記簿謄本（閉鎖謄本）又は雇用保険適用事業所廃止届を添付する必要があります。

❷ 健康保険・厚生年金保険被保険者資格喪失届

健康保険・厚生年金保険被保険者資格喪失届は個々の従業員に係る手続きです。通常の退職の場合と同じ手続きですが、会社がなくなった場合、従業員は退職になりますので、この手続きが必要となります。

退職日から5日以内に年金事務所に提出が必要となります。

図9-12 適用事業所全喪届の記載例

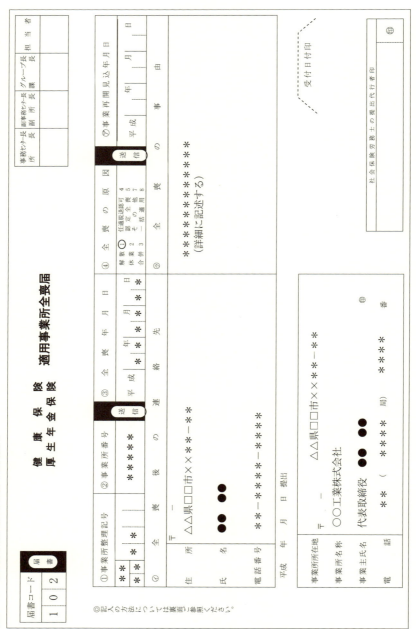

2 労働保険

　会社を解散させた際に必要な労働保険の手続きには、「労働保険確定保険料申告書」の提出があります。

　会社解散の場合、労働者が全員いなくなるため、労働保険が消滅します。労働保険料は事前に概算で申告納付される制度ですので、会社解散の場合には、概算で申告納付している保険料の精算が必要になります。

　労働保険確定保険料申告書は50日以内に労働基準監督署に提出することになります。

3 雇用保険

　会社を解散させた際に必要な雇用保険の手続きには、「雇用保険適用事業所廃止届」と「雇用保険被保険者資格喪失届」、「雇用保険被保険者離職証明書」があります。

■ 雇用保険適用事業所廃止届

　雇用保険適用事業所廃止届は解散から10日以内にハローワークに提出しなければなりません。この場合、会社の登記簿謄本（閉鎖謄本）の添付が必要となります。

■ 雇用保険被保険者資格喪失届と雇用保険被保険者離職証明書

　雇用保険被保険者資格喪失届と雇用保険被保険者離職証明書については、個々の従業員に係る手続きです。会社がなくなると従業員は全員退職することとなりますので、退職時と同様の手続きが必要となります。

　退職日の翌日から10日以内にハローワークに提出が必要です。

第9章　廃業の実務　　249

4 従業員の税金

　会社を廃業し、従業員を解雇することは、従業員の退職と同じ扱いになります。源泉徴収票を作成し、また退職金を支給する際は退職所得の受給に関する申告書を作成します。

　住民税については、普通徴収にするのか、一括徴収にするのかを、従業員個々人の判断により決定します。

第6節 その他の手続き

　会社が解散・清算する際にしなければならない手続きは、登記や税務申告以外にもあります。基本的には解散する会社が締結していた取引先との契約を終了させることです。

1 賃貸借契約の終了

　会社が事務所や店舗として借りていた不動産や、機械器具のリースにつき契約を終了させる手続きをします。個人成りの場合で、賃貸借契約を継続したい場合でも、名義の書き換えなどの手続きが必要です。

2 取引先との契約

　会社を解散させ、取引先との取引を終了させる場合には注意が必要です。契約通りの商品やサービスが提供できないまま会社を解散させた場や、提供した製品について、会社の解散後に欠陥が生じた場合には、取引先に損失を生じさせ、係争問題になる可能性があります。

　経営者が賠償責任を負わなければならないこともありますので、注意が必要です。経営者が連帯保証契約をしている場合はなおさらです。

第9章　廃業の実務　　251

第7節 休　眠

　会社を解散・清算させる場合、これまで紹介してきたような手続きを踏まなければなりません。手間も多く、費用のかかる手続きとなっています。

　そこで考えられるのが、事業を廃止するが会社自体は清算させない方法である休眠です。

　会社の休眠は、清算とは異なり会社自体は存続しますので、いつでも事業を再開できるという点が特徴です。

1 休眠届

　会社を休眠させるには、休眠届を提出する事になります。

　休眠届は異動届出書の用紙を使います。所轄税務署と都道府県、市町村に提出します。

　休眠届を提出することにより、法人住民税均等割が免除になる可能性があります。ただし、地方自治体により対応は異なっており、休眠届出を出したからといっても、必ず法人住民税均等割が免除になるとはいいきれません。事前に所在地の都道府県税事務所、市区町村に問い合わせする必要があります。

　休眠届の他、給与支払事務所の廃止届出書、消費税の納税義務者でなくなった旨の届出書なども提出する必要があります。

図9-13　休眠届の記載例

| 異　動　届　出　書 | | ※整理番号 | |
| | | ※適用グループ整理番号 | |

税務署受付印

平成＊＊年＊＊月＊＊日

＊＊税務署長殿

次の事項について異動したので届け出ます。

提出法人
☑□□□□
単体法人
連結親法人
連結親法人となる法人
連結子法人
連結子法人となる法人

（フリガナ）	
本店又は主たる事務所の所在地	〒　　　- 電話（　　　）　　　－
（フリガナ）	
納　税　地	〒 △△県□□市××××-＊＊
（フリガナ）	
法人等の名称	○○産業　株式会社
法　人　番　号	＼｜｜｜｜｜｜｜｜｜｜｜｜
（フリガナ）	
代表者氏名	●●　●●　　　　　㊞
（フリガナ）	
代表者住所	〒　　　- △△県□□市××××-＊＊

異動のあった
□連結親法人　□連結子法人
□連結親法人となる法人　□連結子法人となる法人
に係る

異動のあった法人
（提出法人の場合は記載不要）
□連結親法人　□連結子法人
□連結親法人となる法人　□連結子法人となる法人

（フリガナ）	
法　人　名　等	
納　税　地 （本店又は主たる事務所の所在地）	〒　　　-　（　　局　　署） 電話（　　　）　　　－
（フリガナ）	
代表者氏名	
代表者住所	〒　　　-

※税務署処理欄

整理番号	
部　　門	
決　算　期	
業種番号	
整　理　簿	
回　付　先	□ 親署 ⇒ 子署 □ 子署 ⇒ 調査課

異動事項等	異　動　前	異　動　後	異動年月日 （登記年月日）
休眠		平成＊＊年＊＊月＊＊より休眠	
所轄税務署	税　務　署	税　務　署	

納税地を変更した場合	給与支払事務所等の移転の有無　　□ 有　　□ 無（名称等変更有）　　□ 無（名称等変更無） ※　「有」及び「無（名称等変更有）」の場合には「給与支払事務所等の開設・移転・廃止届出書」を提出してください。
事業年度を変更した場合	変更後最初の事業年度：(自)平成　　　年　　　月　　　日 ～ (至)平成　　　年　　　月　　　日
合併、分割の場合	合　併　□ 適格合併 □ 非適格合併　　分　割　□ 分割型分割　：□ 適　格 □ その他 □ 分社型分割　：□ 適　格 □ その他
（備　考）	

税理士署名押印		㊞

※税務署処理欄	部門	決算期	業種番号	番号	入力	名簿

（規格A4）

29.04 改正

第9章　廃業の実務　　253

2 申告義務と役員登記

　休眠届を提出したとしても、申告義務は継続します。つまり、確定申告書は提出しなければなりません。

　もし確定申告書の提出を怠った場合、青色申告を取り消されるおそれがあります。

　消費税については、課税取引がないため申告する義務はありません。また、都道府県、市町村への申告についても不要となります。

　また、休眠中であっても役員の任期満了に伴う役員の変更登記が必要です。

3 みなし解散

　最後に登記がなされた日から12年を経過した株式会社を休眠会社といいます。法務局では毎年、休眠会社の整理作業が実施されます。法務大臣からの公告があり、登記所からの通知があってから2か月以内に「まだ事業を廃止していない」旨の届出書を提出しなければ、解散したものとみなされ、登記官により解散の登記が行われてしまいます。これをみなし解散といいます。

　なお一般社団法人、一般財団法人については最後の登記から5年を経過すると休眠一般法人とされます。また、特例有限会社は休眠会社には含まれません。

　休眠会社と会社の休眠は異なりますので、休眠届を提出したからといって休眠会社に該当するわけではありません。登記を長期間にわたり行わなければ、休眠会社に該当するため、注意が必要です。

第8節　個人事業の廃業

　個人事業を営む者がその事業を廃止する場合の手続きについてまとめます。法人とは異なり、複雑な手続きではありません。

1 確定申告

　個人事業主の事業年度は毎年1月1日から12月31日までの暦年となっており、法人のように解散日までの解散事業年度や清算事業年度といったものはありません。

　個人が年の中途において事業を廃止した場合であっても、それまでと同様に、その年の翌年2月16日から3月15日までの間に所得税の確定申告書を提出し、所得税を納付することになります。

　事業廃止後に生じた経費であっても、事業を継続していれば必要経費となったであろうものは、廃業年又はその前年の所得金額の計算上必要に算入できる特例もあります。これらの点も考慮に入れて廃業時期を定めるのがよいでしょう。

2 届出書

　個人事業の廃止をした場合には、廃業届出書を期限内（税務署は1か月以内、都道府県はそれぞれ期限が異なる）に所轄税務署と都道府県税事務所に提出します。青色申告の取りやめ届出書や、消費税の事業廃止届出書、給与支払事務所等の廃止の届出書も場合に応じて提出が必要です。

図9-14　廃業届出書の記載例

				1 0 4 0

税務署受付印

個人事業の開業・廃業等届出書

（○）

_____　**税務署長**

____年____月____日提出

納　税　地	○住所地・○居所地・○事業所等（該当するものを選択してください。） （〒　－　　） ▽△県△▽市□□*-***-*** （TEL　－　－　　）
上記以外の 住所地・ 事業所等	納税地以外に住所地・事業所等がある場合は記載します。 （〒　－　　） （TEL　－　－　　）
フリガナ 氏　　　名	●●　●●　㊞	生年月日	○大正 ○昭和 ○平成　年　月　日生
個　人　番　号	： ： ： ： ： ： ： ： ： ： ：
職　　　業	フリガナ 屋　号

個人事業の開廃業等について次のとおり届けます。

届出の区分 該当する文字を○で囲んでください。	開業（事業の引継ぎを受けた場合は、受けた先の住所・氏名を記載します。） 住所_____　氏名_____ 事務所・事業所の（○新設・○増設・○移転・○廃止） （廃業）(事由) 高齢化と後継者不足により事業の継続が困難となったため。 （事業の引継ぎ（譲渡）による場合は、引き継いだ（譲渡した）先の住所・氏名を記載します。） 住所_____　氏名_____
所得の種類	○不動産所得・○山林所得・✓事業（農業）所得〔廃業の場合……✓全部・○一部（　　　　）〕
開業・廃業等日	開業や廃業、事務所・事業所の新増設等のあった日　平成　年　　　月　　　日
事業所等を 新増設、移転、 廃止した場合	新増設、移転後の所在地　　　　　　　　　　　　　　（電話） 移転・廃止前の所在地
廃業の事由が法 人の設立に伴う ものである場合	設立法人名　　　　　　　　　　　代表者名 法人納税地　　　　　　　　　　　設立登記　平成　年　月　日
開業・廃業に伴 う届出書の提出 の有無	「青色申告承認申請書」又は「青色申告の取りやめ届出書」　　　○有・○無 消費税に関する「課税事業者選択届出書」又は「事業廃止届出書」　　○有・○無
事業の概要 できるだけ具体的に記載します。	

給与等の支払の状況	区　分	従事員数	給与の定め方	税額の有無	その他参考事項
	専従者	人		○有・○無	
	使用人			○有・○無	
	計			○有・○無	
源泉所得税の納期の特例の承認に関する申請書の提出の有無		○有・○無	給与支払を開始する年月日　平成　年　月　日		

関与税理士 （TEL　－　－　　）	税務署整理欄	整理番号	関係部門連絡	A	B	C	番号確認	身元確認
		0｜						□ 済 □ 未済
		源泉用紙交付	通信日付印の年月日	確認印	確認書類 個人番号カード／通知カード・運転免許証 その他（　　）			
			年　月　日					

3 死亡による廃業

　個人事業主の死亡により廃業する場合も、手続きは基本的には同じです。ただし、本人は手続きできませんので、相続人が代わって手続きを行うことになります。

　死亡した年の1月1日から死亡日までの所得については、準確定申告書として提出し納税する必要があります。準確定申告は、相続開始を知った日の翌日から4か月以内に行わなければなりません。

　個人事業の廃業届出書についても、相続開始から1か月以内に提出しなければなりません。消費税課税事業者であった場合には、個人事業者の死亡届出書を提出することとなります。

4 予定納税と住民税

　予定納税基準額が15万円以上である場合には、予定納税をしなければなりません。事業を廃止した場合には、予定納税額の減額申請手続きをする必要があります。減額申請は7月1日から15日までの間に行います。

　住民税については、当該年度の所得を基に翌年度に課税がなされるため、廃業年の翌年には所得がなくても住民税を納める必要があります。これについては納税資金を準備しておく等の対策が必要となります。

第 **10** 章

廃業回避事例

事業承継をサポートする

　経営者の高齢化や後継者の不在といった問題が、経営者が廃業を決断する原因の一部であることは既に述べました。

　廃業の手続きについては、多少手間がかかるとしても、非常に複雑というわけではありません。しかし、事業承継は一朝一夕にはできません。税理士は、比較的早い段階から顧問先の事業承継について考えておく必要があるでしょう。

　確かに事業承継は経営や後継者教育、会社組織、人事制度など多岐にわたる問題を内包しており、税金や経理の専門家である税理士では手に負えない、あるいは全てに目を配らせることができないという点もあります。

　しかし、経営者にとってのよき相談相手として、税理士の存在は大きいものですので、これら事業承継に関する問題には積極的に関与していく必要があります。

　事業承継を考える過程において、経営者がM&Aを選択したり、個人成りを選択したりする場合には、法人としては廃業となるかもしれません。また、廃業をせざるを得ない状況が確固たる現実として見えてくる場合もあるでしょう。こういった場合には、廃業の手続きを行うことになりますが、これらはあくまでも終着地点でしかありません。

　経営者がこれまで営んできた事業が継続することは、社会にとって意義のあることです。どんな小さな会社であっても、取引先の存在しない会社はありません。どんな小さな事業であっても、それを廃止してしまうことは、多くの関係者に少なからず影響を与えることになります。

であれば、事業を継続させるための方策を模索し、実行することは、社会に貢献するという価値ある仕事になります。

税理士の仕事は、廃業のサポートではなく、事業継続のサポートなのです。

第**2**節　ケーススタディ

最後に、いくつかのケーススタディを紹介いたします。

1 ケース①　親族外承継の例

1 状　況

㈱Ａ工業は従業員が5名の小さな町工場です。ネジなどの部品を加工製造しています。社長には一人息子がいますが、公務員として働いており、小さな町工場を継ぐ意思はありません。また、社長も不安定な会社を継がせるより安定した公務員の方が息子のためだろうと考えています。

社長は75歳になり、体力的にもそろそろ限界を感じ始めたため、廃業したい旨を顧問税理士に相談しました。

2 状況の分析

まずは会社の業績を考える必要があります。会社の業績がよければ、事業を存続させることは難しいことではないでしょう。幸い、業績は堅調で、毎期少しではありますが黒字を計上しています。取引先も多く、売上は安定しています。

次に、従業員について考える必要があります。廃業した場合の従業員の再就職先については大きな論点になります。Ａ工業は従業員が5名で、皆工員です。年齢は、上は60歳から下は45歳と比較的高めですので、再就職は難しいかもしれません。

第 10 章　廃業回避事例　　263

事業用財産も重要です。工場とその敷地は下町にあり、住宅密集地です。古くから営業しており、騒音や汚染の問題もないため近隣住民との関係は良好です。工場の隣地に社長宅があります。工場建物は会社の所有ですが、土地は社長の所有です。機械類は比較的古いものが多いため簿価は少ないです。

社長の家族は、妻と子どもで、子どもは公務員の息子が一人です。息子は結婚しており、子どもが2人います。社長の財産は、工場の敷地と自宅の土地建物、A工業の株式全てと若干の現金預金です。

❸ 対策のポイント

後継者がいないからといって早急に廃業させるには少しもったいないような会社です。まずは後継者探しをすべきです。

従業員が5人いますので、誰かが継いでくれないかを模索すべきです。同時にM&Aで売却できないかも考える必要があります。

従業員の中から後継者を選んで親族外承継させる場合の検討事項は、会社の株式の異動方法と、工場敷地の取り扱いです。

M&Aをする場合の検討事項は、やはり工場敷地をどうするかを考える必要があります。

その他にも、事業転換が考えられます。事業をやめても、工場を他社に賃貸することで収入を得ることができます。もしくは工場を解体し、駐車場として貸し付けるか、跡地に賃貸物件を建設することも考えられます。土地は社長の所有ですので、個人事業として賃貸業をすることも考えられます。

❹ 結　果

従業員のBが後を継ぎたいとの意思を示しましたので、社長としてはB

に継がせる方向へ考えが変わりました。ただし、Bは社長の所有している株式を全て買い取るだけの資金がありません。

そこで、一部を買い取り、一部を贈与という方法でBへ株式を異動することにしました。社長の長男も、親族外のBが会社を継ぐことに意義はありませんでした。

工場の敷地をどうするかなどの問題は若干残っていますが、廃業は回避されました。

この他にも、株式をBへ異動させず、一族で所有し、所有と経営を分離した体制で、孫への承継を期待するといったパターンも考え得る対策となります。

2 ケース② M&Aの例

1 状　況

㈱C社は３代続く老舗の和菓子店です。とある有名寺社の門前に店舗を構え、大福が有名です。しかし、３代目の社長には子どもはおらず、高齢化のためそろそろ潮時を感じています。

2 状況の分析

会社の業績は鳴かず飛ばずでしたが、当店の大福は地域によく知られた名物で、需要はあります。最近は観光客にも知られるようになっています。

従業員は８名いますが、正社員ではなくパートタイマーで、菓子の製造を行っています。

店舗は趣のある古い町屋で、通りに面して店舗、裏手が工場になっています。２代目の時に株式会社にした際に全てを会社の所有にしています。社長は近くのマンションに住んでいます。

第10章　廃業回避事例　　265

社長の家族は妻だけで子はいません。財産は会社の株式と自宅マンション、若干の現預金です。

3 対策のポイント

パートの従業員は皆そこそこの年齢で、廃業により失職すると再就職が困難です。しかし、この中には会社を継げるような人物はいません。親族外であっても事業承継は難しいようです。

そこで考えられるのがM&Aです。社長はよもや自分の会社がM&Aの対象になるとは考えてもいなかったようですが、同じ県の比較的大きな洋菓子店が興味を示しました。

知名度のあるブランドであること、店舗が好立地であること、和菓子作りのノウハウという点で、新しいビジネスを模索していた同社の希望に沿うものであったようです。

M&Aの他の選択肢としては、立地の良い店舗を賃貸するというものです。場合によっては個人で不動産賃貸業をしてもよいかもしれません。

4 結　果

社長は従業員の継続雇用を条件に、M&Aに応じることにしました。株式譲渡の形式により、社長は対価を得ることができました。また、しばらくは和菓子作りの指導をしてほしいと、顧問として留まることにもなりました。これにより、社長の生活は安定します。

店舗は改装され、明るい雰囲気の店になりました。しかし、一方では地域に愛された昔の店舗がよかったという声もきかれます。本当にM&Aをして良かったのかという多少の疑問は残りますが、老舗ブランドの維持という目的は達せられました。

3 ケース③ 事業転換の例

1 状 況

　D産業㈱は、工業用機械の卸と修理を行う会社です。従業員は10名で1名が経理、2名が卸部門の営業、残り7名が修理に従事しています。地域の中小製造業が顧客で、なんとかかんとか事業を続けてきましたが、得意先が徐々に減り、社長自身も70歳でそろそろ会社経営は体力的に難しいと思っています。

2 状況の分析

　業績は低調で、毎年低空飛行を続けています。従業員の中には会社を継いでくれるような人物はいません。

　機械の修理を行う工場と事務所は街中にあり、全てを社長が所有して会社に貸し付けています。

　社長の家族は、子どもが3人おり、皆それぞれの職業について独立しています。

3 対策のポイント

　子や従業員への事業承継は難しそうなので、M&Aを検討します。しかし、特別な技能はなく、ノウハウのほとんどは社長個人が持っています。取引先も小ぶりな会社が多く、その数も徐々に減ってきています。M&Aも困難なように思えます。

　そこで事業転換を考えます。工場の敷地は100坪ほどあり、市街地にあるため、不動産賃貸業に転換するにはちょうどよいと考えられます。

4 結　果

　D産業㈱はこれまでの事業をやめ、不動産賃貸業を行うこととしました。ただ、不動産賃貸業を会社で行うか、個人で行うかは検討の余地があります。修理工場を取り壊し、賃貸マンションの建築を考えていますが、借入の返済計画なども考えなければなりません。

　また、取引先からはやめられては困るという声も若干あり、社長自身も仕事は続けたいという意向がありましたので、個人事業として出張修理と、今までのノウハウを活かして簡単な機械導入コンサルティングを行うことにしました。

第3節 まとめ

　現在は大廃業時代と呼ばれることもあるほど廃業の数が多く、その数は倒産を上回っています。しかし、実際は廃業せずに済むという事案も数多くあります。

　企業が廃業することは日本経済や地域社会にとって大きな損失につながります。特に廃業によって雇用が失われることは大きな問題です。雇用の確保は重要な論点です。加えて、多様な企業文化が失われることは、日本経済の多様性や柔軟性といった強みを失わせてしまうおそれがあります。

　廃業は解決できる問題であるという点を念頭において、企業の永続と発展に資する施策を考え、実行する必要があります。

第10章　廃業回避事例　　269

◆著者紹介

杉井 俊文（すぎい としふみ）

税理士。和歌山県紀の川市出身。

都留文科大学文学部卒業、明治大学専門職大学院会計専門職研究科修了。

平成26年TOMAコンサルタンツグループ・TOMA税理士法人入社。

著書に『事業承継対策コース』（全国地方銀行協会）、『事業承継の教科書』（PHP研究所・共著）等。事業承継をテーマにした講演多数。

税理士のための 「廃業」を告げられたときの対応ガイド
まずは「継続」から考える

2019年1月15日　発行

著　者　　杉井　俊文 ©

発行者　　小泉　定裕

発行所　　株式会社　清文社

東京都千代田区内神田1－6－6（MIFビル）
〒101-0047　電話 03（6273）7946　FAX 03（3518）0299
大阪市北区天神橋2丁目北2－6（大和南森町ビル）
〒530-0041　電話 06（6135）4050　FAX 06（6135）4059
URL http://www.skattsei.co.jp/

印刷：大村印刷㈱

■著作権法により無断複写複製は禁止されています。落丁本・乱丁本はお取り替えします。
■本書の内容に関するお問い合わせは編集部までFAX（03-3518-8864）でお願いします。
■本書の追録情報等は、当社ホームページ（http://www.skattsei.co.jp/）をご覧ください。

ISBN978-4-433-63348-6